ATÉ PARECE QUE FOI SONHO

Fábio
Depoimento a Achel Tinoco

ATÉ PARECE QUE FOI SONHO

Meus 30 anos de amizade com *Tim Maia*

Matrix

© 2007 - Fábio

Direitos em língua portuguesa para o Brasil:
Matrix Editora - Tel. (11) 3868-2863
atendimento@matrixeditora.com.br
www.matrixeditora.com.br

Capa:
Daniela Vasques

Diagramação:
Liane Mendes Pestana

Revisão:
Adriana Parra

Dados Internacionais de Catalogação na Publicação (CIP)
SINDICATO NACIONAL DOS EDITORES DE LIVROS, RJ.

Fábio (Cantor)

Até parece que foi sonho : meus trinta anos de amizade e trabalho com Tim Maia / Fábio em depoimento a Achel Tinoco. - São Paulo : Matrix, 2007.

1. Maia, Tim, 1942-1998 - Amigos e companheiros. 2. Fábio (Cantor) - Amigos e companheiros. 3. Cantores - Brasil. 4. Música popular - Brasil. I. Tinoco, Achel, 1961-. II. Título. III. Título: Meus trinta anos de amizade e trabalho com Tim Maia.

07-0044.

CDD: 927.8042

CDU: 929:78.067.27

Apesar dos esforços da editora e do autor, não foi possível identificar os autores de todas as fotos deste livro. A editora terá imenso prazer em creditá-las em edições futuras, tão logo os fotógrafos responsáveis possam ser conhecidos.

agradecimentos

A Deus, em primeiro lugar.

À minha família, a Popó Muniz, a Achel Tinoco, ao Dr. Luiz Carlos Uzeda, ao Dr. Douglas Camargo, a Ismênio Danilo, ao Maninho, a Francisco Carioca e a Mário Gatti.

Dedico este livro a Toríbio Rolón (*in memorian*).

prefácio

"Predestinado ao sucesso, Tim continuou sua caminhada...".

Essa é uma das inúmeras verdades que sempre cercaram Sebastião Rodrigues Maia, o nosso saudoso Tim Maia. Sucesso realmente foi uma das coisas que fizeram parte de seu universo. Dentre tantas mais que vocês vão poder conferir neste delicioso livro escrito por Achel Tinoco, a partir das histórias contadas por Juan Zenón Rolón – paraguaio de nascença e brasileiro por adoção, nacionalmente conhecido como Fábio, cantor e compositor que fez muito sucesso nos anos 70 com a canção *Stella* (e os mais velhos hão de lembrar sua notável interpretação de *Encouraçado*, de Sueli Costa e Tite de Lemos, no V Festival Internacional da Canção, em 1970, no Maracanãzinho).

Conheci Fábio nessa época. Simpático, alegre e espirituoso, andava já com o Tim. Nós nos cruzávamos nos corredores das rádios, gravadoras, eventos etc., e sempre ele me contava uma historinha sobre o Tim. Aliás, creio que cada pessoa que tenha convivido um pouquinho com Tim Maia sempre terá algo para contar. Só que Fábio foi, talvez, seu melhor amigo. Conviveu durante três décadas, aproximadamente, com o "maior criador de caso do meio artístico brasileiro...", como ele diz. "Era tudo ao estilo Tim: com fartura e muitos problemas." Era assim mesmo.

De tanto ouvir os casos, sugeri a Fábio que procurasse alguém para escrever um livro sobre o Tim. Várias vezes repeti: "Fábio, conte em livro todas essas histórias sobre ele". E não é que finalmente ele consegue fazê-lo? E gentilmente me convida a escrever estas palavras. E o faço emocionado, porque, como tantos brasileiros, eu gostava muito do Tim; como poucos, tive o privilégio de conhecê-lo pessoalmente e de gravar com ele, o qual vivia me dizendo: "Com cada um dos seus acordes, Ivan, dá pra fazer duas músicas".

Portanto, não é sem tempo que vocês podem conferir, por meio deste belo livro, as aventuras e desventuras dessa personalidade singular e desse artista único que foi Tim Maia.

Ivan Lins

apresentação

Eu o encontrei, quase por acaso, na Dica Comunicação, do senhor Arnaldo Paranhos, no Rio Vermelho, em Salvador, batendo-se para escrever um livro sobre sua trajetória como cantor e compositor da música popular brasileira, mesmo sendo ele um paraguaio. Durante dez dias, Fábio sentou-se ao meu lado à frente do computador para contar sua história no mundo da música, e mais do que isso: falar de sua grande amizade, ao longo de trinta anos, com o inesquecível Tim Maia. Trazia sempre nas mãos um velho caderno, com as páginas se soltando, em que anotara algumas informações sobre a sua vida e sobre a vida do companheiro Tim, que o leitor encontrará adiante. Ao final de dez dias, *Até parece que foi sonho* – título de uma composição de Fábio e Paulo Sérgio Valle – estava escrito, precisando apenas dos retoques finais.

Sempre ríamos ao repassar as histórias, ou quando estávamos revisando os textos. Nunca havia pensado que Tim, além do grande talento que possuía, pudesse ser tão engraçado, às vezes, e criador de tantos casos – "o maior que já se viu no meio artístico brasileiro", Fábio costuma dizer.

Este livro não pretende desvendar os mistérios da vida, nem dar nota a esta ou aquela canção, mas prestar uma homenagem a dois grandes nomes da música brasileira – Fábio e Tim Maia.

O leitor poderá observar ainda como o sucesso mexe com a cabeça de uma pessoa, e passa às vezes tão depressa que nem se perceba a grandeza de ser um ídolo, e pode ser tão perverso para com aqueles que não o encaram com responsabilidade, como aconteceu com o próprio Fábio. Apesar disso, ele não se furtou, em momento algum, de me contar sobre suas decepções e seus fracassos, nem sobre outros assuntos ainda mais delicados: dinheiro, drogas, mulheres.

Com certeza, o leitor vai se encantar e vai sorrir e vai chorar com as histórias desses dois adoráveis malucos cantores, Fábio e Tim Maia, como atesta Ivan Lins, a quem convidamos para escrever o prefácio – o qual ele fez com atenção e criatividade, como se fosse um acorde seu.

Achel Tinoco

O SOL QUENTE DO INÍCIO DA TARDE apertou-lhe os olhos, depois de tanto tempo em que só o espiara de relance através das grades de ferro da cela 37 do presídio Frei Caneca, no Rio de Janeiro. Quase não dormira na noite anterior, de tanta ansiedade e expectativa.

"Aqui um filho sofre e a mãe não vê!", disse ao companheiro de cela Fininho, ao amanhecer.

O mesmo barulho de todas as manhãs, de chaves nas portas se abrindo e se fechando e de homens sem destino correndo pelos corredores em direção ao pátio. Para ele, porém, era um dia especial – estava a poucas horas de conquistar a liberdade.

Chegou à rua vazia, ninguém o esperava. Não se importou. Qualquer transeunte que passava dava-lhe a nítida impressão de ser um velho conhecido. Olhou para todo canto e tudo lhe pareceu familiar e agradável; cada som nas cercanias tinha um sentido mais amplo de beleza e alegria, ainda que estivesse tão desarrumado para a ocasião, calçando sandálias de dedo e vestindo calça rancheira e uma camisa verde-musgo emprestada por um policial. Seu companheiro também não estava mais bonito. Haviam sido condenados a três anos de prisão por roubar duas poltronas de duas senhoras idosas, moradoras da Praça da Cruz Vermelha, Centro, mas estavam de volta à vida, após seis meses, por bom comportamento. Despediram-se com um aperto de mão e cada qual seguiu por um caminho...

Após a morte do pai, Sebastião Rodrigues Maia, com apenas 16 anos, foi morar nos Estados Unidos, onde ficou por seis anos. Fundou um grupo vocal, no bairro negro do Harlem, com três negros americanos, chamado The Ideals. À noite, ensaiava e cantava em festas, e durante o dia trabalhava num asilo, nos arredores de Nova York, dando banho em setenta velhos, para conseguir sobreviver, até ser deportado para o Brasil, no início dos anos 60, por uso de drogas. Pouco se importou; já estava mesmo cansado daquela vida solitária, longe de casa, de tantas brigas e confusões.

Numa tarde, por exemplo, andando pelo Central Park, com o vento gelado do rio Hudson lhe batendo na cara, como que para deixá-lo ainda mais encolhido e só, avistou, vindo em sua direção, uma bela morena. Com certeza a mais bela que vira até então; não tinha mais de vinte anos, um corpo de carioca esculpido à mão e envolto num macacão escuro de lã. Havia mais de mês que não sabia o que era o toque de uma mulher, e, como ele mesmo dizia aos amigos, acabaria por casar-se com as próprias mãos. Estufou o peito, pigarreou, a fim de que ela o notasse, e gracejou num inglês fluente: "Que bunda maravilhosa! É tudo o que preciso pra curar a minha solidão!".

A moça não lhe deu atenção, não disse uma palavra, passou por ele depressa e sumiu do raio de sua visão por alguns minutos. Mas voltaria acompanhada por um jovem negro, presumivelmente da mesma idade que ela. À primeira vista, ele não intimidaria o Tião. Este o mandou à merda ao ser interpelado sobre o que dissera à sua namorada. O moço partiu para cima dele, aplicando-lhe uma sequência de *jabs*, direita, esquerda, um cruzado no fígado, um *upper* na ponta do queixo e um direto no nariz. Tião, que não conseguiu acertá-lo uma única vez, caiu de bruços, com o rosto enfiado na neve. Ao acordar, não soube precisar quanto tempo depois, o casal já se havia ido, mas um guarda queria saber quem o machucara tanto: tinha o rosto inchado, sangrava ainda pelo nariz, a cabeça girando e o corpo todo moído. A maior surra que levara na vida. Mais tarde ficou sabendo, lá no Bronx, que o rapaz que o surrara era um ganhador do Golden Medal Award, competição de boxe realizada todos os anos nos Estados Unidos.

Chegou ao Brasil sem um dólar no bolso, com a roupa do corpo, e nenhum parente ou amigo à sua espera no aeroporto do Galeão. Dias depois, conheceu Fininho, numa boca-defumo, que o convenceria a roubar as duas poltronas das velhas senhoras, para comprar drogas.

Agora livre, o jovem Sebastião Rodrigues Maia encasquetou que um amigo seu da adolescência, Roberto Carlos, a quem ensinara os primeiros acordes de violão e com quem formara seu primeiro conjunto vocal, chamado Sputniks – mais tarde, The Snakes –, explodindo nas paradas de sucesso, poderia ajudá-lo a impulsionar a carreira artística que ora reiniciava. Não podia acreditar que Roberto já tivesse se esquecido das tantas vezes em que se fartara, na pensão de seu pai, Altivo Maia, e de sua mãe, Maria Imaculada, na Tijuca, comendo o afamado feijão, que lhe renovava sempre o ânimo para pilotar o movimento da Jovem Guarda, ao lado de Erasmo, Wanderléa, Renato e seus Blue Caps, dentre outros.

O PAÍS ASSISTIA AO SURGIMENTO do *iê-iê-iê*, inspirado nos quatro cabeludos de Liverpool: John, Paul, George e Ringo, que formavam os Beatles. Consequentemente, a bossa nova perdia fôlego, como escrevera a imprensa de Nova York, depois de um show morno, sem empolgação, no Carnegie Hall, com João Gilberto, Tom Jobim, Augustinho dos Santos e Carlos Lyra.

Enquanto isso, em São Paulo, Elis Regina, Jair Rodrigues, MPB4, Tamba Trio e outros grandes cantores da música brasileira apresentavam um programa na TV Record, chamado *O Fino da Bossa*, no qual acusavam a Jovem Guarda de fazer uma música pobre e sem harmonia, cheia de guitarras desafinadas. Muito barulho e pouco som, eles diziam, o que, evidentemente, gerou grande polêmica, somente amenizada, mais tarde, com um abraço entre os seus dois principais representantes: Roberto Carlos e Elis Regina.

EM MEIO À GUERRA FRIA DO MUNDO, dos Rolling Stones, de Che Guevara, de João Goulart, eu cheguei ainda "adolescendo" a São Paulo, fugindo de uma ditadura militar sanguinária no Paraguai. Mas aqui também os tanques estavam nas ruas, para minha tristeza, e uma sombra de chumbo escondia-se em cada esquina. Fui morar na casa do maestro Hermínio Gimenez – paraguaio como eu –, um exilado político. Estudei no Colégio Claretiano, de padres, na Rua Jaguaribe, até que meu pai não tivesse mais condições de pagar meus estudos.

Caí na noite e nos inferninhos para cantar, seguindo um sonho que me acompanhava desde pequeno, desde o dia em que ouvi um velho índio guarani tocar um pequeno instrumento de corda parecido com uma viola pantaneira. Nas noites de folga, frequentava um lugar da moda, na Rua da Consolação, no centro de São Paulo, chamado Cave, onde jovens endinheirados, ou alienados, se misturavam às "mariposas da noite", aos boêmios, cachaceiros e candidatos ao sucesso. Era uma boate que funcionava desde as seis da tarde até o último freguês. Rolava um som maneiro – James Brown, Otis Redding e Chris Montez, Trini Lopez –, dirigido por Doca, discotecário de primeira, irmão de Luís Vassalo, proprietário da casa. Encontrei-me lá inúmeras vezes com Roberto Carlos, Erasmo Carlos, Jorge Ben, Golden Boys, Clodovil, Denner, o delegado Fleury, Nelsinho da 45, muitos deles acompanhados pelas namoradas e por um bom uísque ou cuba-libre. Drogas não havia, e raramente se falava sobre o assunto. Algo muito discreto, quase um tabu.

Com um nome de batismo impublicável, Juan Zenón Rolón, adotei o nome artístico de Juancito, meio toureiro, meio cigano, alquimia das essências das minhas origens, de Horqueta, onde nasci, e de Ponta Porã, onde fui registrado. Cantava boleros na Galeria Metrópole, na Avenida São Luís, no bar The Open Door. Às duas da matina, quando acabava o expediente, eu ia a pé para o Cave, carregando nas costas o meu violão. Certa noite, Almir Duarte, um camarada tijucano, bom de papo, bom de dança, sempre bem vestido, mas sem um tostão no bolso, bancado pela prostituta Márcia Bang Bang, me falou de um tal Tim que estaria por vir a São Paulo tentar a sorte como cantor, depois de ter puxado uma cana braba.

"E ele é bom, Almir?", eu perguntei.

"O melhor de todos!", respondeu-me, convicto. "Toca qualquer instrumento e compõe desde os 8 anos."

Numa noite fria de inverno, lá pelas três da manhã, chegou ao Cave o robusto mulato, de estatura mediana, cabeça pequena coberta por cabelos *black power*, com bigodes desamparados, muito simpático e falante, vestindo camisa verde-musgo, desbotada, de mangas curtas – a mesma com a qual saíra da prisão –, e chinelos de dedo, apesar do frio vigente, para espanto meu e de Almir, que o recebera à porta, depois de um breve incidente com o leão-de-chácara Canário, que não queria deixá-lo entrar na boate naqueles trajes.

Dali por diante tudo aconteceria com muita rapidez, assim como foram imediatas a empatia e a cumplicidade quando nos conhecemos. Ele nos contou que no Rio de Janeiro os amigos chamavam-no de Tião, mas adotara recentemente o nome Tim, para homenagear uns camaradas dos Estados Unidos, que assim o chamavam, quando lá esteve passando uma temporada. Mais tarde, por sugestão de um empresário, inseriu o sobrenome Maia: Tim Maia.

Pediu-me o violão e soltou a voz, nos fundos da boate, cantando a música *Meu país*, de sua autoria. Um silêncio respeitoso de uns poucos privilegiados que ainda resistiam ao sono tomou conta do lugar. Ficamos encantados com a voz dele. Cantou mais uma, duas, três... cantou dez. E todos nós tivemos o mesmo pensamento: surge um dos maiores cantores do mundo – como bem diria lá na frente o humorista Jô Soares.

Ao final da audição, Tim me falou que estava morrendo de fome, havia dias não colocava nada no estômago. Eu o convidei para irmos à padaria do velho espanhol, próximo ao Cave, que deveria ainda estar aberta, ou estaria abrindo, já que nem sabíamos que horas eram. Lembro-me de que devoramos quatro sanduíches de mortadela com guaraná.

"Um dia, meu camarada, eu lhe pagarei em dobro o de hoje!...", disse-me, agradecido, e foi-se embora.

Tempos depois nos encontraríamos na mesma padaria. Adiantou-me que andava um pouco decepcionado com Roberto Carlos. Ele não o teria ajudado, como havia prometido, a impulsionar sua carreira, mas Elis Regina resolvera gravar uma canção de sua autoria, *These are the songs*. Queixou-se de não ter onde dormir e de estar sem dinheiro. Almir convenceu uma velha amiga da noite, chamada Santuza, a alojá-lo por alguns dias em seu apartamento, na Rua Paim, edifício Treme-treme. A estada seria ainda mais curta. Tim, além de comer muito, começou a assediar a moça, que o pôs para fora de casa aos empurrões. Conseguimos, então, instalá-lo na hospedaria do Raul, uma bichona velha, escandalosa, de cabelos pintados, que exigia pagamento adiantado e proibia qualquer hóspede de frequentar a geladeira, lá no Largo do Arouche. Fizemos uma vaquinha e Tim pôde finalmente se mudar – por pouco tempo, pois Raul o queria como esposo.

"JUANCITO, AINDA VOU PEGAR ELE DE JEITO!...", Tim me falou num final de noite, depois de havermos cantado no Cave. "Estou passando necessidade, muito frio e fome, enquanto ele se lambuza com as mordomias da fama."

"Calma, rapaz!", eu disse, sem saber ao certo a quem ele estava se referindo. Logo entenderia.

Não desistira do sonho de Roberto Carlos levá-lo ao programa *Jovem Guarda*, que, além de ser o de maior sucesso da televisão brasileira, ainda pagava cachê a seus participantes.

E não demorou a cumprir a promessa. Descobrira com um conhecido o endereço de Roberto – Rua Albuquerque Lins, próximo à Avenida Angélica. Não teve dificuldade em ludibriar o porteiro e se esconder dentro da garagem do prédio, com a única intenção de conversar com Roberto, uma vez que não conseguira isso em outras ocasiões. Além do quê, a fama deste último já não lhe permitia andar pelas ruas, e havia muito ele não aparecia no Cave. Durante horas Tim o esperou na garagem, escondido atrás de uma pilastra, entre os carros, suando em bicas dentro da estimada camisa verde-musgo, até que, finalmente, viu entrar um reluzente Oldmosbile conversível azul. Seu coração disparou – era Roberto Carlos, de calça *jeans* e blusão de couro, com um enorme medalhão pendendo do pescoço, descendo do carro, acompanhado pela namorada Nice. Tim não teve dúvidas: saltou à sua frente.

"Como você entrou aqui, bicho?", perguntou-lhe Roberto, espantado e com cara de poucos amigos.

"Preciso muito falar com você!"

Nice, que também se assustara com tão grande e inesperada presença, ficou sensibilizada ao ver o desespero nos olhos de Tim. Ternamente, pediu ao namorado que o deixasse subir ao apartamento, onde poderiam conversar com mais calma. Lá em cima, Tim ficou impressionado com o requinte do apartamento, e mais ainda com a mudança do velho companheiro Mariano, que agora se chamava Nicholas, o mordomo. Roberto o chamara imediatamente após abrir a porta, para que providenciasse algumas camisas, duas calças e um par de botas. As botas eram de número 39, e Tim calçava 42.

Antes mesmo que Tim explicasse o real motivo de sua visita, que era tão-somente pedir uma oportunidade de aparecer no programa *Jovem Guarda*, Roberto depositou em suas mãos um pacote de notas de dinheiro, para que se arranjasse por uns dias e comprasse as coisas de maior urgência. Comovida com a humildade do moço e sua insistência em falar, Nice interveio mais uma vez para que Roberto o escutasse. A conversa fluiu com mais naturalidade, e Roberto, a par da situação, prometeu estudar o caso de Tim e noutro dia lhe dar uma resposta. Antes que se despedisse, o mordomo escoltou Tim ao quarto dos empregados para que trocasse de roupas, visto que aquelas que usava estavam em petição de miséria. Deixou-as dentro de um saco, e junto, as sandálias. Nicholas as jogaria no lixo.

Com as roupas novas no corpo e calçando as botas com esforço, Tim beijou as mãos de Nice, apertou as de Roberto e saiu de cabeça baixa. Chegando à Avenida Angélica, com o dinheiro que Roberto lhe dera, resolveu pegar um táxi. Mas, ao se sentar no banco do carona, a calça "calhambeque", de cintura baixa, modelo saint-tropez, o deixou com a metade da bunda de fora, as botas já lhe castigando os pés, e o motorista ainda resolveu implicar com os seus modos, recusando-se terminantemente a levá-lo à Consolação. Tarde da noite, Tim apareceu na padaria do espanhol todo esbaforido, suado, pedindo um copo d'água pelo amor de Deus, pois tinha andado quilômetros a pé e as botas o estavam matando. Quando as tirou, enormes bolhas saltaram dos seus pés. No mesmo instante se arrependeu de não ter poupado do lixo suas sandálias de dedo.

Eu e Almir não resistimos à tentação – tiramos o maior sarro da cara dele, que ficou puto da vida!

Dias depois, ele seria convidado por Wilson Simonal para se apresentar no programa *Show em Simonal*, na TV Record, com direito a cachê. Posteriormente o faria com frequência, o que muito o ajudou a se manter naqueles tempos bicudos. Não demorou a ser contratado pela TV Bandeirantes, para assessorar o produtor musical Caetano Zama, que o ajudaria muito na carreira e por quem teria profundo respeito e gratidão.

Numa manhã fria, Tim e os Diagonais (grupo local liderado por Cassiano, autor de *A Lua e eu*, *Primavera* e *Coleção*) foram convidados a participar de um programa da casa, junto com David Gordon – um negrão de um metro e noventa de altura, natural das Guianas Inglesas, muito conhecido nas noites paulistanas pela sua voz poderosa e por vestir ternos bem cortados e elegantes. Gostava de cantar músicas de Nat King Cole, Frank Sinatra e Tony Bennett. Como era o único da turma que possuía automóvel – um Gordini –, David prontificou-se a levar todo o grupo, e todos se acomodaram no pequeno carro rumo à Bandeirantes, localizada no bairro do Morumbi, local ermo e de difícil acesso. A ansiedade ia junto, estampada em cada rosto dentro do carro – com os vidros totalmente fechados, por causa do frio. De repente, um odor de carne podre impregnou o recinto. Todos se entreolharam, desconfiados e acusadores. David parou o carro no acostamento e perguntou a cada um:

"Foi você, Tim...?" – a negativa foi imediata e sob protestos; "Foi você, Amaro?"; também não. Muito menos teria sido o Camarão. Todos os olhares recaíram sobre Cassiano, que, na noite anterior, havia comido uma feijoada e tanto num restaurante qualquer da cidade.

"Por que estão olhando para mim?", ele disse, sem jeito.

David olhou-o fixamente e disparou com o seu sotaque de inglês pudibundo:

"Ô 'Caxiano', 'caro' pequeno, todo fechado... Assim não dá!", e obrigou todos a descerem do carro. Foram andando até a emissora. Chegaram em cima da hora para ganhar uma tremenda bronca do diretor.

UMA TARDE DE SÁBADO, numa feijoada, no Cave, onde eu cantava, conheci Carlos Imperial, grande descobridor de talentos, que havia lançado Roberto, Erasmo, Wanderléa, Simonal e muitos outros. Após minha apresentação, Imperial me convidou para me sentar à sua mesa e perguntou de chofre se eu não gostaria de viajar com ele para o Rio de Janeiro, onde assumira a direção artística da TV Tupi.

"Rapaz, você tem futuro", ele me disse, e eu não consegui dizer-lhe nada. Deixei-o continuar: "Vou lançá-lo imediatamente...".

Não me fiz de rogado; aceitei de pronto, com um sorriso de orelha a orelha, imaginando que a minha carreira pudesse finalmente decolar. Tim e Almir a princípio nem acreditaram; ficaram muito felizes e me desejaram toda a sorte do mundo. Talvez fosse a minha única chance de vencer como cantor. Cheguei ao Rio a bordo de um magnífico Mercury Cougar conversível, com a cabeça cheia de ideias revolucionárias, deixando para trás as baladas paulistanas e os muitos amigos que por lá fizera.

Minha vida mudou radicalmente. Morava em Copacabana, no tríplex da família Imperial, no Posto 6, na Barata Ribeiro, esquina com a Miguel Lemos. Nos primeiros dias, fui orientado por Imperial a frequentar regularmente a praia, "para tirar do corpo essa cor pálida da vida noturna da Terra da Garoa e incorporar o 'espírito carioca'", como ele dizia, entre risos.

Assim eu fiz, e gastei na areia todo o dinheiro que tinha, em meio às mais lindas mulheres que até então eu já vira. Aquilo é que era vida, pelo menos no início. Não demorou e assinei o primeiro contrato com a TV Tupi e com a gravadora RCA Victor. Mas, como o meu nome não parecia fadado ao sucesso, adotei um outro: Fábio. Apenas Fábio. Tomei esse nome do meu amigo de Cave, Herondi, que cantava com o nome de Fábio Marcel, até que adotasse o próprio nome depois de formar a dupla com sua mulher, Jane.

O meu primeiro compacto simples, ou *single*, com o sugestivo título *Lindo sonho delirante*, de minha autoria e de Carlos Imperial, não foi bem-sucedido. O grande sucesso viria em seguida, com a canção *Stella* (*Em que estrela você se escondeu...?*), também de minha autoria e de Paulo Imperial, irmão de Carlos, que fizemos em homenagem a uma menina do mesmo nome, colega de faculdade do meu parceiro, eleita rainha da PUC do Rio. Num sinal de trânsito, em Copacabana, Paulo a viu dentro de um carro e me mostrou. Foi o bastante para que compuséssemos a canção. E vieram as viagens, hotéis, viagens, noites maldormidas, mulheres, bebidas, shows, tapinhas nas costas, mulheres, drogas, sucesso e amigos que eu nunca vira antes. E nas rádios de todo o país, *Stella* não parava de tocar.

    Com o dinheiro que comecei a ganhar, saí da casa do amigo Imperial e fui morar sozinho, num pequeno apartamento da Rua Souza Lima, em Copacabana. De longe eu ouvia o sucesso de Tim, na voz de Elis Regina, *These are the songs*, e ficava muito contente. Finalmente ele conseguiu que Roberto o levasse ao seu programa. E mais: gravou uma música de sua autoria, *Não vou ficar*, que lhe rendeu boa quantia em dinheiro, permitindo-lhe até frequentar o Dobrão – casa noturna muito chique na qual se esbaldava a sociedade paulistana, e cujos proprietários eram dois dos mais famosos atores da época, Hélio Souto e Luiz Gustavo. Agora que Tim chegara ao sucesso, eles o contrataram para fazer um show. Arrependeram-se em seguida – Tim invadiu a casa de máquinas para fumar um baseado antes de subir ao palco e uma confusão se formou. A princípio os seguranças correram pensando que se tratava de uma sabotagem ou roubo; nada disso, era o cantor sentado no meio das máquinas "fumaçando" feito uma delas.

    Havia muito que não nos encontrávamos, apesar de eu ter participado de alguns programas de televisão em São Paulo. Uma noite, bem tarde, início da primavera de 1970, a campainha tocou no meu apartamento, já em Botafogo,

Rua Real Grandeza, 171, onde eu morava então com o meu empresário Glauco Timóteo, o secretário Élvio Vasquez e duas secretárias de cama e mesa. Surpreendi-me muito com a visão de Tim à porta pedindo exílio, sem mala, apenas com uma sacola de supermercado contendo alguns pertences e o inseparável gravador de rolo.

"Abandonei São Paulo, Fabiano", disse-me sorrindo, mas nunca entendi por que daquele dia em diante ele passou a me chamar de Fabiano. Acostumei-me.

"Por quê, meu amigo?"

"Cansei do frio e de sofrer, vim tentar a sorte aqui. Quero gravar o meu primeiro *long play*!"

Convidei-o a entrar e a se sentar. Ele o fez, desajeitado, e conversamos por bastante tempo. Pedi às minhas secretárias que o acomodassem no sofá da sala, o qual chamávamos de "dromedário", por possuir dois "calombos", um em cada extremidade, que deixavam o hóspede com dores insuportáveis na coluna, principalmente quando dormia "anestesiado".

"Melhor do que em São Paulo", ele repetia, "onde o frio pode gelar até os ossos".

Tim estava sem grana; quase sempre estava.

"Fabiano, preciso de você. Você é amigo do Golias e do produtor Elton Menezes... Preciso dar um jeito de fazer o programa!...", disse-me, a certa altura da manhã. "Eles pagam o cachê na hora..."

Convenci o Elton a escalá-lo junto comigo.

"Você sabe que o *Programa do Golias* é ao vivo; qualquer deslize dele no ar, eu perco o meu emprego", disse-me o produtor, preocupado.

Dei-lhe a minha palavra de que tudo sairia nos conformes. Eu cantaria a parte latina; Tim, a *black music*; e o percussionista Jadir de Castro faria as piruetas caribenhas com seus timbales malucos. O ensaio foi uma beleza, mas surgiu um problema de última hora: a roupa do Tim. Simplesmente ele não tinha roupa para se apresentar. Uma bicha espetaculosa, que cuidava dos vestiários, chamada Marisa, imaginando tratar-se de um show mexicano, arranjou para o Tim, além da calça frouxa à moda gaúcha e uma bata *hippie* cheia de balangandãs, um imenso sombreiro. Tim pulou de banda; disse que nem morto usaria uma coisa ridícula daquelas. Pensou até em desistir do programa, mas a razão e as necessidades falaram mais alto. Ficou combinado, então, que ele entraria no palco com o sombreiro na mão, embora não entendesse qual era a utilidade do adereço. O cachê estava salvo.

"Depois dos comerciais, entra o trio!...", gritou o contra-regra.

Subimos ao palco. Assim que as luzes se acenderam, Golias anunciou:

"O Trio Los Três!".

Ao primeiro acorde, eu comecei a cantar, depois o Tim. Jadir se empolgara com os aplausos, e, enfiado numa camisa havaiana cheia de babados, castigou os timbales. Tim cochichou ao meu ouvido:

"Fabiano, esse maluco está em transe, não vai parar de tocar hoje, vamos embora!".

Discretamente, saímos do palco, primeiro o Tim, e eu a segui-lo. Jadir continuou lá, para desespero da produção, já sob apupos da plateia. Artur Farias, diretor do programa, da suíte, sem perceber que os microfones estavam ligados, gritou:

"Tira esse filho da puta daí!".

O público foi ao delírio.

Dois contra-regras subiram ao palco e o arrastaram pela gola da camisa. Golias, muito enervado, pediu os comerciais. Eu ganhei o maior *pisão* da minha carreira, Elton me esculachou. Tim, com o cachê em mãos, foi à farmácia mais próxima, comprou uma caixa de Desbutal (remédio para emagrecer) e tomou uns quarenta comprimidos de uma vez. Por três dias andou sem rumo para lá e para cá, do Leme ao Leblon.

SEMPRE EU O LEVAVA PARA ABRIR os meus shows, não sem antes ele preparar os nossos drinques favoritos, e um que ele mesmo inventara e ao qual dera o nome de "motor de arranque" – vodca à vontade, gelo picado e suco de maracujá. Verdadeira bomba. Mas, o de que ele menos gostava, ao fim de cada show, era que eu levasse as meninas para *comer* lá em casa e ele não comia ninguém. Ficava na sala, sentado no "dromedário", decerto imaginando o que fazíamos dentro do quarto e o que aquelas jovens vadias sussurravam tanto ao meu ouvido com suas vozes manheiras, e gemidos, e gritinhos. Ele não conseguia escutar... Às vezes, chorava de tristeza na sala, enquanto eu ria no quarto com as meninas. Uma noite, ele nos surpreendeu com uma canção, inspirada num pôster pregado na parede da sala, de uma linda mulher totalmente nua à beira-mar.

Ah, se o mundo inteiro me pudesse ouvir, tenho muito pra contar, dizer que aprendi...

"Meu amigo, você acaba de compor a música de sua vida", eu disse a ele, que me olhou como se aquilo não tivesse a mínima importância, e continuou a cantar...

Não entendíamos como em nenhuma oportunidade os vizinhos haviam chamado a polícia; a farra varava a madrugada, a vitrola não parava de tocar um só instante Isaac Hayes, Sam Cooke, Ray Charles, Quincy Jones, Joe Cocker, Janis Joplin e às vezes Milton Nascimento. Certa vez o porteiro, seu João, um sergipano muito invocado, vestiu-se de Lampião, desembainhou o imenso facão e bateu à minha porta, espumando pelas ventas, com os olhos em brasa, parecendo alucinado. Foi um corre-corre: mulher pelada de um lado para o outro, como baratas tontas, homens em busca de suas calças, garrafas vazias por todo canto tilintando. Tudo em plena desordem. O certo é que o sergipano acabou com a festa. Ficamos sabendo, no dia seguinte, que fora o próprio Tim a presenteá-lo com um litro de "motor de arranque", por ser ele muito prestativo e não reclamar das tantas vezes que lhe pedia para ir ao restaurante Paraíso, ao lado, buscar quindins, pudins, bolos, empanadas e refrigerantes. Tudo fiado, em meu nome. E quando eu viajava pelo interior do país com o meu empresário, deixava Tim responsável pelo apartamento e pela empregada Policarpa, uma mulata de um metro e oitenta, assustadoramente feia. Ela dizia que não gostava de ficar sozinha com ele:

"Seu Tim é muito atrevido", dizia ela; reclamara várias

vezes que ele não a deixava em paz quando eu saía, querendo *comê-la* a todo custo. Mas jurava de pés juntos que nunca se entregara.

CARLOS IMPERIAL ME CONTRATOU novamente para fazer um show em Niterói, no sábado à noite. Eu seria a maior atração. Sugeri e insisti para que Tim também fosse abrir o show, uma oportunidade a mais para mostrar o seu talento. Imperial relutou; não achava uma boa ideia, já havia muita gente: além dele, eu, as *Chacretes* e os componentes da minha banda Brasoul – Jorge Robson (teclados), Renato (bateria) e Carlos Lemos (contrabaixo). Depois de muito medir os prós e os contras, Imperial acabou concordando. Tudo acertado, inclusive o horário em que deveríamos nos apresentar no cais, às quatro da tarde.

Um amigo nosso, Vítor Manga, chegou à minha casa, horas antes de seguirmos para o evento, com uma novidade do outro mundo, uma coisa maravilhosa – revolucionara a Europa e os Estados Unidos, e agora aportava no Brasil –; nós tínhamos obrigação de experimentá-la, iria melhorar nosso desempenho no palco, provocando sensações indescritíveis. A curiosidade ficou estampada no rosto de cada um de nós. A nova droga, de alto poder alucinógeno, fora batizada como *LSD*.

"Cuidado, que ela é muito forte!", advertiu-nos o Vítor depois de pô-la sobre a mesa em pequenas cápsulas arroxeadas, aparentemente inofensivas.

Tim, que a tudo assistia calado, não quis conversa; avançou sobre uma cápsula e a engoliu inteira. Ficamos apreensivos, sem saber quais eram seus efeitos ou como ela poderia afetá-lo. Os integrantes da Brasoul deixaram as suas para serem ingeridas durante o percurso de barca até Niterói. Eu, temendo não conseguir realizar o show, não utilizei a droga naquele momento, embora não tivesse notado qualquer reação no Tim que não fosse parecida com as que se observavam quando ele usava outra "coisa" ou ingeria muito uísque. Atravessando a Baía da Guanabara, no entanto, tudo se transformou. Os rapazes da banda começaram a achar tudo engraçado, dando altas gargalhadas e falando numa linguagem que ninguém entendia: um dizia que o mar estava correndo demais; outro, que as nuvens de algodão estavam chegando mais perto para limpar suas feridas; e mais outro, que o céu estava lá no fundo das águas esperando por nós. Pareciam crianças na primeira infância trocando as palavras. Tim apenas sorria tolamente para uma *Chacrete*.

Chegamos ao local do show, finalmente. Imperial nos anunciou. O ginásio, lotado, veio abaixo quando entramos no palco, com as *Chacretes* à frente dançando e rebolando em pequenos *shorts* dourados. Tudo parecia perfeito. Parecia. Na metade do show, o baterista levantou-se e saiu em disparada. Perdi totalmente a concentração, e os demais músicos, preocupados com o colega, também não conseguiram terminar de tocar a música. Disfarçamos um pouco e nos demos um pequeno intervalo de cinco minutos para colocar a casa em ordem. Conseguimos, aos trancos e barrancos, terminar o show.

Tim? Nem conseguiu subir ao palco, ficou pelo camarim ou sei lá por onde.

Na volta para o Rio, nós o encontramos na barca, com uma garrafa de uísque de terceira categoria pela metade, abraçado a uma das *Chacretes*, fazendo-lhe inúmeras declarações de amor, perdidamente apaixonado, sob o luar daquela noite de verão. Momentos antes de a barca atracar no cais, os apressados pularam na frente. Tim, muito mal calibrado, para se exibir e impressionar a jovem *Chacrete*, resolveu também pular no mar, entre a barca e o cais. Com tantos quilos excedentes no corpo, mais parecia um sapo caindo na água, com a garrafa de uísque presa às mãos.

Alguém gritou: "Um gordo caiu no mar!".

Corremos à borda da barca para ver se o víamos. Estava se batendo dentro d'água, subindo e descendo. Um dos marinheiros jogou uma boia e, felizmente, ele conseguiu agarrar-se a ela. Puxa daqui, segura de lá, o homem foi içado para dentro da barca, totalmente besuntado de óleo, mais parecido agora com um leão-marinho, trazendo nas mãos a mesma garrafa de uísque, ainda pela metade, mas intacta.

A moçada, depois do susto, não resistiu, fez-lhe todo tipo de gozação. Caímos na gargalhada, e ele, todo murcho, caiu no choro; não conquistara a *Chacrete*, que nunca mais queria vê-lo. Ele a esqueceria na próxima noite, na casa de dona Diva, uma prostituta acima dos cinquenta, que fazia ponto na Avenida Niemeyer, em frente ao Vip's Motel. Tim nos contava que era uma ótima companhia, que cobrava barato e era muito discreta. Ele era um dos seus clientes mais assíduos, embora, segundo ela, muito "reclamão", e sempre lhe dera trabalho para pagar suas contas no "Cred-Diva" – forma de pagamento parcelado que ela mesma inventara: depois de cada seção de amor, anotava num caderninho, à moda das vendas de antigamente, a prestação, que o freguês deveria pagar no final de cada mês. Após o terceiro mês, no entanto, Tim já devia duas prestações, deixando a credora furiosa, a qual decretou uma greve por tempo indeterminado e ainda pregou um cartaz no próprio corpo com os nomes dos maiores devedores, em especial o senhor Sebastião Maia.

Não acreditei no que os meus olhos viram. Uma noite, quando eu passava em frente ao motel, vi aquela senhora de pé, com um cartaz preso ao corpo denunciando os maus pagadores. Corri para avisar meu amigo Tim:

"Isso não é papel que se faça com uma pobre mulher, que depende do seu trabalho para sobreviver", eu disse a ele. "Na posição que você ostenta, mesmo sem dinheiro no banco, não deve se expor a esse ponto". Tim foi obrigado a concordar comigo:

"Você está certo, Fabiano" – e imediatamente providenciou o pagamento.

Mas a história se repetiria até que a mulher suspendesse o seu crédito definitivamente.

O QUE EU NÃO IMAGINAVA era que ele se revelasse um excelente professor. Quando fui convidado, por Gutemberg Guarabira, a participar do Festival Internacional da Canção – fase nacional –, no Rio de Janeiro, para interpretar uma canção chamada *Encouraçado*, de uma iniciante compositora mineira, Sueli Costa, e seu parceiro Tite de Lemos, levei a fita para Tim escutar. Seria um desafio interpretar aquela canção tão forte e longa, que tratava de um tema muito delicado naqueles anos 70: a situação dramática que o país atravessava, na visão de um exilado político. Ele ouviu com atenção e se prontificou a me ajudar.

"É um jeito de avacalharmos essa merda de ditadura", disse, contundentemente.

Todos os dias, pela manhã, Tim punha a fita com a canção no gravador para eu ouvir durante duas horas e, pacientemente, repetia-me a maneira correta de pronunciar cada palavra e cada sílaba, bem como a respiração adequada e a postura da voz. Sempre apregoava que a humildade era a virtude dos grandes, embora eu não o achasse tão humilde, às vezes. Era muito exigente e até implacável.

À hora do ensaio geral, ele me deu as últimas instruções e desejou-me boa sorte.

"Fabiano, se você cantar do jeito que está cantando, sem frescura, será escolhido como o melhor intérprete do Brasil. Fique certo disso!".

Achei que era exagero, mas fui em frente. No Maracanãzinho, em meio a um barulho infernal, sobre o imenso palco, funcionários ainda dando os retoques finais, o pessoal da técnica, operários finalizando o cenário, fui chamado para ensaiar com a orquestra. O maestro Mário Tavares ordenou a introdução, e, como por milagre, o barulho cessou; todos se puseram a ouvir a minha voz.

Fui o 130º concorrente a subir ao palco, agora para valer. Senti-me à vontade; o público foi receptivo e me aplaudiu com entusiasmo ao final de minha apresentação. No dia seguinte, o jornal carioca *JB* estamparia a minha foto com a legenda:

"Fábio, que temia as vaias, consagra-se como um grande intérprete". E ganhei o prêmio de melhor intérprete nacional, desbancando Cauby Peixoto, Martinho da Vila, Gonzaguinha, Tony Tornado, Ivan Lins e Taiguara, que nunca se conformaria com o resultado. A música que defendi foi classificada em terceiro lugar.

Finalmente, Tim conseguiu gravar seu *long play*, usando o nome de Tim Maia, pela gravadora Philips. A audição, ainda na sua base, era feita na sala do meu apartamento, após cada seção no estúdio. O sucesso foi estrondoso. Faixas como *Primavera, Coroné Antônio Bento, Risos, Eu amo você, Menina* e *Azul da cor do mar* foram tocadas à exaustão por todas as rádios do país. A fama bateu à porta. Ele sumiu. Mas nunca deixou de ajudar os dezoito irmãos e sua adorável mãe, por quem era apaixonado; tinha uma profunda admiração por toda a sua luta para sustentar tantos filhos, sozinha, desde a morte do marido. Tim a visitava constantemente, mesmo estando atolado em compromissos, morando em hotéis, de cidade em cidade.

Não o vi durante meses. Um dia, já muito famoso, após um show organizado pela Rhodia, voltou à minha casa, acompanhado por Rita Lee. Sentou-se no velho "dromedário" de guerra, ao lado dela. Ofereci-lhes algumas doses de "motor de arranque". Tim não estava mais acostumado com o tranco da bebida, ficou meio aéreo e saiu porta afora, desaparecendo, deixando-me sozinho com Rita, que também não parecia muito confortável. Não demorou e eu a levei até o carro, para um compromisso no *Programa do Chacrinh*a, em que também deveria estar o Tim...

Como Tim mesmo me dizia, estava "matando cachorro a grito", havia muito tempo que não encontrava alguém com quem dividir suas dores, seus mais de 100 quilos e, agora, sua fama e o sucesso que o transformara em celebridade – estava em primeiro lugar nas paradas de todo o Brasil. Uma amiga minha lhe devolveria o prazer pela "carne feminina". Uma noite, em meu apartamento, apresentei-o à jovem Janete de Paula, por quem ele se apaixonaria perdidamente, tanto que, ao receber um adiantamento da gravadora, de 10 mil dólares, das mãos de André Midani, não pensou duas vezes: comprou duas passagens aéreas, providenciou os passaportes e viajou para Londres.

Desembarcou no aeroporto de Heathrow numa bela manhã primaveril londrina, com a cabeça cheia de fumaça e sonhos. Uma porra-louquice, um desbunde, como bem gostava de se referir a tudo o que para ele não tinha sentido ou fosse extraordinário. Telefonei a uma namorada minha, Mabel, que morava lá havia seis meses – estava fazendo um curso de dança e trabalhando numa butique –, e pedi que ciceroneasse o casal. Tim retirou-a do emprego e a levou às suas andanças, evidentemente pagando tudo. Alugou um belo apartamento em Notting Hill e, para comemorar, foram a um *pub* do outro lado da rua.

Tim pediu uma garrafa de Dimple. No meio da bebedeira, Janete achou de lhe contar que havia transado com o baixista Carlinhos, da banda Brasoul, que o acompanhava no Brasil. Foi o bastante para Tim se enfurecer, falar alto, chamar a namorada de puta, vagabunda, ora falando em português, ora em inglês. Os outros frequentadores do *pub* não entendiam nada, ficaram assustados, perplexos. Janete, por sua vez, não deixou barato: retribuiu, chamando-o de corno manso, broxa e veado. Tim não suportou: deu-lhe um tapão na cara, com muita força. Janete caiu por cima de um inglês avermelhado que fumava um cachimbo, sentado à mesa imediatamente atrás dela. Mabel levou ambas as mãos ao rosto em sinal de horror, sem saber o que fazer, apenas pedindo que parassem com a discussão. Janete levantou-se desnorteada, com um olho meio fechado, mas não se intimidou, partiu para cima dele... Um deus-nos-acuda!

E a confusão só acabaria porque eram quase onze horas da noite e o estabelecimento estava fechando. Não bastasse isso, seu proprietário, um escocês enorme, avisara a polícia. Em menos de dez minutos, dois robustos *bobs* chegaram ao local. Educadamente, pediram ao casal que acabasse com a briga ou o mandariam imediatamente ao seu país de origem. Somente Janete não entendeu o que eles disseram, mas Tim tanto entendeu como acatou os argumentos. Foi para casa mudo, sem trocar uma palavra com a namorada.

Por alguns dias, a paz voltou e eles passearam de mãos dadas pela cidade, foram às compras, assistiram a shows, e voltaram ao mesmo pub, à mesma briga, aos mesmos bobs. Não houve outro jeito: foram conduzidos até o aeroporto e mandados de volta para casa, no Rio de Janeiro. A briga continuou dentro do avião, deixando os passageiros apreensivos.

Mas eles voltariam a Londres mais duas vezes naquele mesmo ano de 1971. Foram também a Paris, ao Champs-Elysées. Ao descer de um táxi, Tim, vestindo um pijama cinza listrado, parecendo um presidiário – havia esquecido de mandar suas roupas à lavanderia –, muito afoito, não observou que um guarda orientava o trânsito e os pedestres, e atravessou a rua com o sinal vermelho. O guarda foi atrás dele e o trouxe pelo braço, para mostrar-lhe o sinal e aplicar-lhe uma multa de 25 francos, a ser paga imediatamente.

Tim não gostou:

"No Brasil não tem essas frescuras", disse ao guarda. "Não vou pagar porra nenhuma!"

O guarda ameaçou-o de prisão. Ele, então, se convenceu e pagou a multa. Mas não quis mais passear; chamou a acompa¬nhante e voltou dali mesmo a Londres.

PREDESTINADO AO SUCESSO, Tim continuou a sua caminhada, dono absoluto de sua própria obra, fato raro no mundo artístico brasileiro. Foi o primeiro cantor a bater de frente com as grandes gravadoras multinacionais, temido e respeitado por todas elas. Passou por tudo e por todos com incrível sucesso, criou grandes confusões, xingou todo mundo, cantou sem parar. Fundou uma gravadora e uma editora, e administrava sua carreira sozinho. Era o terror dos técnicos de som, dos produtores e dos diretores artísticos. Sem dúvida, o maior criador de caso do meio artístico brasileiro de todos os tempos. Até com João Gilberto ele encrencou. Um dia, ligou para João, que não achou interessante atendê-lo. Tim ficou fulo da vida. Na primeira oportunidade, devolveu-lhe:
"João, você é um chato!".
Ao que João respondeu:
"E você, Tim, é um desafinado".
A maior ofensa que poderia receber; ficou furioso e deprimido.

Também detestava quando um fã confundia seu nome com o de outro artista. Andando por Copacabana, em minha companhia, num raro final de tarde, foi abordado por um fã muito eufórico e entusiasmado, que foi logo dizendo:

"E aí, 'Timóteo', tudo bem? Cadê o carrão...?".

Ele ficou uma fera:

"Tá vendo, Fabiano? Apareço em todas as televisões do país, vendo milhares de discos, saio nos jornais e nas revistas quase todos os dias, e vem esse corno me chamar de 'Timóteo', que ainda por cima é veado". Voltou para casa no mesmo instante, amuado.

No dia seguinte, apareceu na Fonte da Saudade, para que eu o acompanhasse à Ladeira do Sacopã, onde pretendia comprar um terreno e construir uma casa. Lá no morro, deparamos com uma senhora de idade, que, reconhecendo Tim Maia, abriu um largo sorriso, e com satisfação perguntou o que ele estava fazendo ali. Depois de ouvir suas explicações, ela nos disse que, por coincidência, possuía dois terrenos e estava vendendo um deles, de 800 metros quadrados. Examinamos o terreno cuidadosamente, apreciamos a vista e ficamos encantados com ela, e Tim, depois de muito pechinchar, fechou o negócio e resolveu que construiria a casa em tempo recorde. Contratou pedreiros, carpinteiros, eletricistas para tocar a obra. Ele mesmo seria o arquiteto e o engenheiro civil.

As paredes subiram em velocidade máxima, o telhado de quatro águas ficou uma beleza, o piso assentado, as paredes rebocadas e pintadas. A casa estava pronta, e, segundo o seu dono, uma maravilha, sem levar em conta os problemas hidráulicos que logo surgiriam. Lembro-me de que o vaso sanitário ficara visivelmente desnivelado, causando grande incômodo aos usuários. No entanto, Tim justificava dizendo que o usuário é que estava torto.

Ainda restava a inauguração. Uma grande festa foi planejada. Amigos, muita bebida, comida e som, tudo ao estilo Tim – com fartura e muitos problemas.

Estávamos reunidos pelos muitos cômodos da casa, quando de repente um silêncio aterrador desceu à sala de estar. Os olhos dos muitos convidados se voltaram para a porta, por onde uma velhinha acabara de entrar, com grande autoridade, procurando pelo senhor Tim Maia. Ele abriu caminho por entre os convidados, metido num camisão prateado, de seda, e numa calça *jeans*, para perguntar o que a porra da velha queria numa hora daquelas.

"Seu Tim Maia!", bradou ela, "simplesmente, o senhor construiu esta casa no terreno errado – no meu terreno –, e agora vai ter que derrubá-la".

Tim coçou a cabeça, preocupado, confuso e muito sem graça, mas jurou que a velha era quem estava errada e não iria derrubar merda nenhuma. A mulher foi a juízo. O juiz bateu o martelo. O cantor-construtor-arquiteto-engenheiro civil teve que acatar a decisão da Justiça. Derrubou a casa. Construiria uma outra igualzinha no terreno vizinho, o que comprara verdadeiramente.

Aquele belo lugar seria palco de inúmeras reuniões, projetos e ensaios inesquecíveis. Muitos amigos o visitavam: Tibério Gaspar, Guilherme Lamounier, Lincoln Olivetti, Nonato Buzar, as vocalistas Solange, Lidiani, Lilian, Jussara, Cristina Conrado e Eliane Martins. Até Roberto Carlos apareceu certa vez. E lá também se formou a banda Vitória-Régia, em homenagem ao nome da rua onde a casa fora construída, para abrigar os vinte e cinco cães, de diversas raças, que Tim criava – mas ele os abandonaria à sorte ao entrar para a seita "Universo em Desencanto".

Um amigo seu, Tibério Gaspar, compositor, autor de *Sá Marina*, levou-o à casa de um pretenso sábio, cientista das coisas celestiais. Lá, Tim conheceu essa seita denominada Universo em Desencanto, ou "Cultura Racional", liderada por Manoel Jacintho Coelho, que lidava com temas envolvendo extraterrestres, discos voadores e qualquer coisa que se movesse no espaço. De uma hora para outra, Tim tornou-se um homem "racional", pacífico, voltado apenas para o bem. Raspou a cabeça, jogou fora todas as roupas que possuía e passou a se vestir somente de branco. Parou de fumar, de beber, de comer carne vermelha e até de fazer sexo, para desespero de Geísa – bela morena mais parecida com uma índia, pequenina, olhos amendoados, de poucas palavras, com quem vivia desde o rompimento com Janete de Paula, um ano antes. Um verdadeiro monge beneditino. Passou a ler compulsivamente todos os 25 volumes que representavam os cânones da seita. Não satisfeito, começou a distribuí-los entre os amigos. Os primeiros a serem contemplados foram os músicos de sua banda e eu. Como em toda religião ou seita, essa também tinha obrigações a serem cumpridas pelos fiéis. Certa vez, Tim foi designado a vender seis mil dúzias de ovos num semáforo, em Madureira, sob um sol de 40 graus. Segundo testemunhas, vários ovos foram fritos no asfalto. Ainda por conta da seita, Tim passou a gravar músicas religiosas, pregando seus princípios e crenças, como em *Que beleza*.

Convidado a participar do Festival Abertura, da Rede Globo, em 1974, no Teatro Municipal de São Paulo, pelo produtor Augusto César Vanucci, Tim compareceu, na véspera, para ensaiar com a banda, com todos os músicos vestidos de branco. O diretor não aprovou; o branco mancharia a imagem. Tim também não aprovou as ordens de Vanucci. Saiu pela porta dos fundos do teatro e não compareceu ao show.

Ele ligava diariamente para perguntar aos amigos se já haviam lido os livros e em que página estavam. Eu não consegui passar da nona página; Guilherme Lamounier não chegou à quinta; os outros, creio eu, nem chegaram a abrir os volumes. A banda, porém, tinha a obrigação de ler pelo menos trinta páginas antes de cada ensaio.

Mais de um ano após essa "fase racional", depois de haver investido todo o dinheiro que possuía na seita, Tim descobriu que Manoel Jacintho, o seu guru, nada mais era que um pilantra, macumbeiro manjado no Hipódromo da Gávea, onde mantinha meia dúzia de cavalos puro-sangue. Sabia-se que possuía muito dinheiro guardado, sem contar as fazendas, apartamentos, carros e outros bens.

Uma grande decepção para Tim.

A essa altura, eu estava de malas prontas para ir à França atrás de Mabel. Não suportando mais a saudade, comuniquei a Tim que iria viajar por um bom tempo, fosse lá o que Deus quisesse. Envolvido nos trabalhos da seita, Tim demonstrou pouco interesse pela minha viagem; estava deveras absorvido pelas coisas da Universo em Desencanto, mas desejou-me boa sorte e até me emprestou uma viola de doze cordas, que eu nunca conseguiria afinar.

Chegando a Orly, a bela tarde de outono ficou ainda mais bela quando, de longe, eu avistei a minha Mabel sorrindo e agitando dois ingressos para assistirmos a um show de Led Zeppelin, no Palácio dos Esportes, nos arredores de Paris. A alegria acabou aí. Meu dinheiro acabou depressa e não consegui nenhum tipo de trabalho, muito menos como cantor. Fui para a Suíça, atrás de alguns amigos paraguaios que eu sabia estarem morando lá. Nada feito, não os encontrei. Depois de uma semana, consegui trabalho para cantar numa pizzaria, ganhando 100 francos por noite, onde permaneci por quatro meses. Voltei a Paris, fui a Londres, voltei a Paris. Consegui cantar até no Olympia. Tudo passageiro. Fui obrigado a voltar. Em Orly, no mesmo lugar onde Mabel fora me receber com um lindo sorriso, também foi se despedir de mim, para sempre, em meio às lágrimas de nós dois. Voltei ao Brasil para retomar a minha carreira e rever os amigos.

Encontrei um Tim Maia desanimado e cabisbaixo:

"Perdi tudo, Fabiano, até o meu prestígio!...", disse-me ao chegar a minha casa. "Estou me sentindo muito só, meu amigo!"

Apesar do pouco estudo – ficou pela metade do curso secundário quando foi para os Estados Unidos, e fez um outro de datilografia, no Ultra, em que nem mesmo Roberto e Erasmo haviam sido aprovados –, Tim era um apaixonado pela ciência e adorava discutir sobre civilizações de outras galáxias. Acreditava piamente em discos voadores e ETs – talvez ele mesmo fosse um deles, como muitas vezes lhe sugeri, brincando. Por outro lado, falava muito pouco em Deus, apesar de ter sido criado por uma família católica e de ter estudado num colégio de padres salesianos. Não acreditava nas religiões – apesar do episódio da Universo em Desencanto; achava que o catolicismo, por exemplo, servia apenas para deixar as pessoas mais burras; que alguns padres só prestavam para correr atrás das freiras e das crianças, quando não estavam ocupados em pedir esmolas aos fiéis. Dizia que todo mundo roubava, desde o bispo até o sacristão:

"Figuras do tipo Edir Macedo deveriam ser banidas da face da Terra" – esse era o Tim, polêmico e direto, sem rodeios. Criador de casos e de belas canções.

Depois de me contar os fatos e de uma boa tragada, ele surtou, literalmente:

"Fabiano, qualquer dia ainda vou fazer um show em Júpiter!".

Conversamos sobre o assunto e chegamos à prosaica conclusão de que deveríamos ir à padaria da esquina comer uns hambúrgueres com refrigerante.

COM GEÍSA, TIM TERIA UM FILHO e um outro de criação, Telmo e Márcio Leonardo, respectivamente. Ele adorava crianças, e uma das coisas que mais o aborreciam era quando via uma delas passando necessidade, ou nos sinais de trânsito pedindo esmolas, ou abandonadas. Catorze anos depois, apareceria um outro, José Carlos, no programa *Haroldo de Andrade*, da Rádio Globo, procurando por seu pai, supostamente Tim Maia. Tim, ao saber da notícia, entrou imediatamente em contato com a produção do programa, querendo conhecer o rapaz. Numa determinada ocasião em que falávamos sobre nossas famílias, ele me contou que realmente tivera uma relação com uma empregada doméstica anos atrás:

"Não posso negar, Fabiano, o garoto é mesmo meu filho".

Zé Carlos, embora magro, era fisicamente parecidíssimo com o Tim, inclusive na voz. Ele o reconheceu imediatamente. Zé Carlos, que lhe daria a sua única neta, Maria, seria assassinado a tiros, no final dos anos 90, na Praia do Recreio, na Avenida Sernambetiba, por motivos passionais.

Mas Geísa também o traiu com um colega. Tim ficou enlouquecido, e se aborreceu comigo por acreditar que eu sabia de tudo e não o havia alertado. É verdade que eu desconfiava de algumas atitudes dela, mas daí a contar-lhe sobre uma suposta traição havia uma distância grande. Foi uma das poucas vezes em que tivemos uma rusga na nossa longa amizade.

"Fabiano, sou igual à minha torradeira, que é semiautomática", ele me disse depois da zanga, "sou semifeliz".

Mas continuava com ela, e a abandonava depois de cada briga. No dia seguinte mandava um taxista amigo seu buscá-la em Campos, onde ela ia descansar das brigas. Tim custou a acreditar que o motorista de táxi também a estivesse assediando. A separação foi inevitável.

"Fabiano, eu sou formado em 'cornologia, sofrência e cirurgia capilar'", dizia-me, quando se decepcionava com uma mulher. Ouvi isso muitas vezes.

Conhecia a maioria das mulheres com as quais ele se relacionava, e muitas delas, tenho certeza, queriam apenas estar ao lado de um astro, para que pudessem, quem sabe, aparecer numa foto ao lado dele em alguma revista ou jornal, e nunca por carinho ou amor. Para aquelas por quem ele se dizia apaixonado, compunha canções eternas, ainda que nem sempre elas as merecessem. Para Janete de Paula, uma de suas grandes paixões, compôs *Não quero dinheiro, só quero amar...*, – canção com a qual se despediria da vida –; para Lizete, que conhecera em São Paulo, *Essa tal felicidade*. Dizia que ela era especial. A moça era telefonista e morava no Capão Redondo, um dos bairros mais violentos da cidade. Ao saber que Tim iria se apresentar no Palace – uma das casas de shows mais importantes de São Paulo, na época –, não mediu esforços: juntou todas as suas economias e foi vê-lo cantar. Sentou-se na primeira fila. Do palco ele a viu, tão bonita e simpática, com um sorriso encantador. Não resistiu àquela bela imagem, e mandou que o seu empresário a convidasse para comparecer ao seu camarim ao final do show. Assim ele fez, e ela chegou, tímida, como quem não acreditasse que o seu sonho de conhecê-lo estivesse se realizando. Ele a abraçou ternamente, como a uma pessoa muito próxima da família. Perguntou seu nome, onde morava, e pela família. Ficou tocado quando ela lhe contou que perdera cinco irmãos em confrontos com policiais do bairro. Como o entra-e-sai no camarim era interminável, ele não pôde lhe dar a devida atenção, e convidou-a a ir ao hotel onde estava hospedado para que pudessem conversar mais à vontade. Lizete não se fez de difícil, compareceu no horário marcado ao quarto dele. A conversa ultrapassou as expectativas. Tim a convidou na mesma noite para que fosse morar com ele no Rio de Janeiro. Depois de um instante de reflexão, sentada sobre a cama, enrolada numa toalha, ela aceitou. Pediu demissão do trabalho e o acompanhou. O romance se estenderia pelos próximos três anos, entre altos e baixos.

Lizete era uma moça humilde, mas uma das poucas que verdadeiramente demonstrara carinho, atenção, respeito e amor por ele, ainda que não fosse fácil a convivência. Ao final dos três anos, depois de uma discussão banal, Tim simplesmente cismou que ela o estava traindo com um sobrinho e que inclusive estaria esperando um filho dele. De pouco adiantaram as explicações dela. Mesmo morto de amores e chorando, ele a pôs para fora de casa e ela perdeu o bebê, que sempre jurou ser filho do Tim. Casou-se posteriormente com um pastor, e soubemos anos depois que se tornara uma evangélica fervorosa.

Por três anos ele chorou a sua ausência. Sofria e chorava sob o chuveiro a cada amanhecer. Mas ele próprio já se achava muito chato. Ao apagar as luzes de um show que fizera no Scala, de Chico Recarey, Tim se encantou novamente com outra fã. Convidou-a ao seu camarim, como fizera com Lizete, e em pouco tempo já estava morando com ela, uma jovem de 23 anos, chamada Adriana Silva.

NÃO DEMOROU, Tim recebeu um convite da gravadora RCA Victor, que acabara de reformar seu estúdio de gravação. Tudo novo, mesa de som com 24 canais – uma novidade tecnológica –, microfones alemães de última geração, luzes indiretas, tudo o que existia de mais moderno no mundo fonográfico, além de técnicos muito experientes. Atapetaram o estúdio com um carpete vermelho e preto, de listras verticais, ar-condicionado ligado no máximo, funcionários uniformizados e flores silvestres sobre a mesa enfeitando a sala, sem contar o incenso indiano, que soltava uma fumaça branca e cheirosa por todo canto. Tudo arrumado com esmero para receber o novo contratado da casa, Tim Maia, que chegou com duas horas de atraso. Todos o esperavam à porta, com um sorriso forçado e angustiante. Ele entrou sem falar com ninguém, olhando para um lado e para o outro, como se ali estivesse toda a torcida do Flamengo a vaiá-lo. Detestou a recepção. Foi logo dizendo que se não arrancassem aquele carpete horroroso da sala, não gravaria nenhuma nota musical.

"Não está vendo que essas cores berrantes vão tirar a minha concentração e a dos músicos?", disse ao diretor da gravadora. "Amanhã eu volto pra gravar... se o chão estiver com outra cor!", e foi saindo, do mesmo jeito que entrara, sem falar com ninguém.

Todos se entreolharam perplexos. Sabiam da sua fama de malcriado, mas não imaginavam que chegasse a tanto. A diretoria se reuniu com urgência para decidir sobre o que fazer. Depois de consultar os músicos e técnicos, chegou-se à conclusão de que Tim estava certo. O carpete foi retirado imediatamente. No dia seguinte, ele voltou. Gravou algumas bases, reclamou do som, xingou a mãe do baixista, disse que não ia gravar mais porra nenhuma e foi embora, deixando o trabalho pela metade. O contrato com a RCA Victor foi cancelado, causando sérios prejuízos a ambas as partes.

É sabido que a relação de Tim com as gravadoras sempre foi tumultuada. Na maioria das vezes, seu contrato era rescindido por insuportável incompatibilidade de gênios. Na gravadora EMI Odeon, ficou menos de um ano. Depois de muitas negociações, ele foi contratado, sob minha responsabilidade, uma vez que havia muita resistência por parte de alguns diretores que o temiam por conhecer seu temperamento tempestuoso, e inúmeros desafetos, que colecionava por toda empresa por que passava. Consegui com o diretor-presidente, Yukijaro Eto, um bom adiantamento, que o tiraria do sufoco naquela ocasião. O champanhe foi aberto, brindes e sorrisos por todos os lados e juras de amor eterno. Yukijaro Eto designou o produtor artístico Miguel Plopschi, dono da banda The Fevers, para gerenciar o projeto, o qual, por sua vez, indicaria Augusto César, vulgo Carneirinho, e Liebert, baixista dos Fevers, para completar a empreitada.

A paz seria breve. Tim não entendeu bem o porquê do trio e as desconfianças surgiram logo a seguir, quando percebeu que apenas Carneirinho trabalhava, mas os outros dois constavam da folha de pagamento – operação "Três na folha", como ficou conhecida. Evidentemente, Tim fez um escândalo. Foi ao diretor Yukijaro, que os afastou de imediato. Tim completou o trabalho apenas com a colaboração do técnico Nivaldo Duarte. O disco *Reencontro* saiu em tempo recorde, e, embora não se tenha transformado num grande sucesso, uma música chamada *Amiga*, de autoria de Edson Trindade, tocou bastante, o que lhe deu a chance de ganhar mais algum dinheiro.

Depois de a gravadora ter marcado sua participação no *Programa do Chacrinha*, em São Paulo, colocando inclusive um carro à sua disposição por uma semana, com chofer e todas as demais regalias que lhe aprouvessem, para que não viajasse de avião, Tim não apareceu nem deu qualquer satisfação, motivo mais do que suficiente para ser posto para fora da gravadora.

Em seguida, ele me telefonaria às gargalhadas: "Fabiano, o 'kamikaze' me detonou".

E eu fiquei numa situação dificílima.

O mesmo aconteceria com a gravadora Warner, depois de emplacar o grande sucesso *Vale tudo*, gravado por ele e Sandra de Sá, e com a Ariola.

Tim passou a gravar os seus primeiros discos independentes, com uma produção esmerada, e sempre com muita competência. Nascia, assim, na casa da Ladeira do Sacopã, para onde se mudara novamente, a sua gravadora Vitória-Régia Discos e a Editora Seroma. Foi um tempo difícil, mas muito produtivo. Belas músicas ele compôs lá, mesmo quando a polícia o importunava, rondando a casa de dia e de noite.

"Fabiano, eu sou o rei do grilo; Cassiano é o deus do grilo e o Hyldon é o grilo", dizia-me quando via a patrulha por perto.

De repente, surgiu, como por encanto, uma grande chance na vida de Tim. André Midani, agora diretor da Warner Music Communication do Brasil, convidou-o a gravar um novo disco. O mundo dançava aos *Embalos de sábado à noite*, e ele resolveu agitar o seu disco com músicas dançantes, com arranjos de Lincoln Olivetti. Grandes hits como *Sossego* e *A fim de voltar* caíram no gosto popular. O sucesso estava garantido; o dinheiro também. Tim comprou um Fiat 147, do ano, e mudou-se para a Gávea, levando a secretária Vera Gilliard – sobrenome que usava em homenagem ao cantor Gilliard, seu maior ídolo – para um apartamento alugado em nome do empresário Gilberto, porque o seu estava sujo na praça.

Nesse mesmo disco, eu cantava com ele *Até parece que foi sonho*, canção de minha autoria e de Paulo Sérgio Valle, que marcaria profundamente a nossa amizade. Participamos inúmeras vezes do *Programa do Chacrinha*, do *Globo de Ouro*, *Fantástico*, e fizemos muitos shows pelo país. Novamente, carros de luxo, aviões, mulheres e festas. E onde havia festa também havia gente querendo tirar proveito e descolar algum. Um sujeito chegou ao apartamento de Tim querendo vender-lhe uma arma. Tratava-se de uma submetralhadora, semiautomática. Conversa vai, conversa vem, ele se mostrou interessado em adquirir a arma, mesmo não sabendo para quê. Dizia que era para meter um susto nos empresários desonestos, nos donos de gravadoras e no pessoal do ECAD. Negócio fechado. O misterioso homem tirou a arma de dentro de uma sacola e passou-a às mãos do comprador, dando-lhe algumas instruções sobre como manuseá-la. Tim achou que já sabia de tudo, pagou a quantia acertada ao homem – que apressadamente sairia porta afora –, enfiou a arma dentro de um saco de supermercado e a empurrou para debaixo da cama.

Alguns dias depois, após tomar uma garrafa de uísque, fumar um cigarro de palha e dar umas cafungadas na "borboleta branca", lá pelas três da manhã, resolveu experimentar a arma dentro de casa. Não se ouvia na rua mais que o latido de algum cão vadio ou o som de carros passando. Puxou uma cadeira e sentou-se no meio da sala, apenas de cueca; destravou a arma, mirou num ponto imaginário e apertou o gatilho. O pipoco foi ensurdecedor, ecoando na madrugada. Ele quase caiu da cadeira com o coice da arma e o susto provocado pelo único tiro, já que era uma semiautomática.

O projétil alojou-se na parede. A essa altura, os vizinhos estavam apavorados, correndo de um lado para o outro, em busca de explicações. O porteiro não se decidia: não sabia se subia ao andar provável de onde se escutara o tiro ou se esperava a chegada da polícia, que já fora avisada por metade do prédio. A vizinha do apartamento contíguo ao de Tim chegou à sua porta, que estava escancarada, e o viu deitado no chão em trajes de baixo; ela começou a tremer dos pés à cabeça e saiu gritando pelo corredor que um homem estava morto lá dentro. Não demorou até que o caos se instalasse no prédio e a polícia cercasse a área. Parece que todo o Rio de Janeiro já sabia do acontecimento e da morte de Tim Maia.

O telefone tocou na minha casa. Fui atender preocupado. Àquela hora da madrugada, boas notícias não seriam. Do outro lado da linha, reconheci a voz dele, muito ofegante e sussurrando:

"Fabiano, me arranje um advogado, depressa!", e desligou.

Fiquei apreensivo, sem saber o que teria acontecido. Liguei no mesmo instante para Tibério Gaspar, um amigo em comum. Ele já sabia de tudo – Tim também o havia alertado –, e já estava indo para o local, acompanhado por um advogado amigo seu, que tirara da cama para solucionar o imbróglio. Chegaram antes de mim ao apartamento de Tim. Encontraram-no do mesmo jeito, deitado no chão, de cueca, abraçado à metralhadora. Ao vê-los entrar na sala, Tim balbuciou algumas palavras incompreensíveis e esta pérola:

"A mão que segura um microfone também segura uma metralhadora".

A situação estava fora de controle. Tibério conseguiu convencê-lo a fugir rapidamente, antes que a polícia entrasse. Desceram pelo elevador de serviço, até a garagem, colocaram Tim deitado no banco de trás do Chevette, coberto por um lençol encardido que haviam arrancado da cama dele, e saíram do prédio naturalmente, sem que a polícia os incomodasse.

O dia estava claro quando chegaram à Ladeira do Sacopã, na casa da Seroma. Mais confusão. Para surpresa de todos, a casa havia sido invadida, na noite anterior, por alguns sem-teto, que logo avisaram que dali ninguém os tiraria, que a casa era presente de Deus. Tim não gastou conversa: tirou a arma de dentro do saco e efetuou dois disparos para cima. Não ficou um; eles correram ladeira abaixo gritando que Tim Maia "maluquecera". No dia seguinte, um jornal saiu com a manchete:

"TIM EM PÉ DE GUERRA".

Nunca se soube que fim ele deu à arma. E mais uma vez a polícia aliviou para o seu lado. Tim desculpou-se, alegando que ele era patrimônio nacional, que havia sido um momento de fraqueza, a maldita bebida o levara a cometer o desatino, mas que, daquele dia em diante, nunca mais botaria uma gota de álcool na boca.

UM AMIGO MEU, José Itamar de Freitas, diretor-geral do *Fantástico*, designou Aloísio Legey para gravar um clipe com a nossa música *Até parece que foi sonho* para o programa. A produção esmerou-se ao máximo – alugou um belíssimo iate, a peso de ouro, e o deixou ancorado na Baía da Glória para o evento. Ao chegarmos, junto com a equipe de gravação, o diretor Legey foi logo dizendo, a mim e ao Tim:

"Quero vocês dois aí dentro".

Tim empacou; desde aquela exibição por amor a uma *Chacrete*, tinha pavor de cair na água, e negou-se terminantemente a entrar no iate. Não houve quem o convencesse; ele preferia deixar de aparecer no *Fantástico* a entrar naquele barco grande. Ou filmava em terra firme, ou nada feito. Depois de muito corre-corre e reuniões, o diretor concordou que eu gravasse lá dentro e o Tim cá fora, em terra. A mesma experiência seria feita com ele e Gal Costa, que deveriam gravar um clipe, juntos, cantando *Dia de domingo*. Várias datas foram agendadas, mas sempre alguma coisa os impedia de se encontrar. Na maioria das vezes, Gal alegara que a sua roupa de gala ainda não estava pronta. Quando, finalmente, sua assessoria anunciou que o vestido estava pronto, foi a vez de Tim se rebelar, dizendo que a sua roupa de "baiana" também não estava pronta, apertara demais sua grande bunda e, por isso, não poderia comparecer ao local da gravação.

DEPOIS FOMOS CONVIDADOS a participar de um programa na TV Tupi, chamado *Povo na TV*, para homenagear quinze meninas de uma escola pública, que sonhavam com um baile de debutantes. Eu e o Tim – imaginem! – fomos de *smoking* alugado. Sucedeu que a vestimenta dele ficou curta, e ele nunca havia usado roupa tão chique. Mesmo assim, sentiu-se importante, gostou da novidade. Quando subiu ao palco comigo para cantar *Até parece que foi sonho* e *Velho camarada* (de Hyldon e Augusto César), estava muito animado, e as debutantes, empolgadíssimas. Após a apresentação, a produção do programa nos brindou com uma noitada no Chico's Bar, na Lagoa, com nossas respectivas acompanhantes, com tudo pago. O *maître* Ceará nos conduziu à melhor mesa, com todas as honras da casa. Ficamos impressionados com a recepção com que nos acolheram. Muitos clientes vieram à nossa mesa nos cumprimentar, dar as boas-vindas e nos dizer o quanto gostavam de nossas músicas. Não há artista que resista a tantos elogios – isso antes que o uísque comece a fazer efeito, porque depois as visitas tornam-se chatas, inconvenientes, inoportunas.

Às duas e meia, eu saí à francesa com Lena, deixando Tim com Laís, amiga da minha namorada. Tim não quis nos acompanhar, achava que a bela moça estava pronta a cair nos seus braços. Mas, encharcados em tantos uísques, nem mesmo ela tinha certeza de que isso pudesse acontecer.

Eu estava em casa, dormindo, o dia amanhecendo, cinco horas da manhã, quando o telefone tocou. Levantei-me assustado. Era do Chico's Bar. Ceará, do outro lado da linha, bastante irritado, me disse que precisava fechar a casa, mas não podia fazê-lo porque Tim Maia e sua acompanhante estavam dormindo embaixo da mesa e não havia como acordá-los. Nem mesmo um balde de água gelada que um garçom jogara sobre eles, a mando do proprietário Chico Recarey, foi capaz de despertá-los.

"Estou indo para aí...", foi o que prometi, mas revirei-me na cama e só cheguei ao Chico's Bar quase ao meio-dia. A cena era hilária: a jovem deitada ao lado dele, de bruços, com um braço sobre sua barriga, como se estivessem em lua-de-mel. Tim roncava tranquilamente, como se fosse uma sesta dominical. Quando os cutuquei com o bico do sapato, os dois abriram os olhos, meio sem saber onde estavam, se espreguiçando.

"Porra, Tim, isso são horas?!", eu lhe disse.

"A festa já acabou?", tornou ele, apenas, como se tudo fosse do seu jeito.

A moça, toda descabelada, com suas vestes amarrotadas, nem parecia a mesma beldade da noite anterior.

Fábio e Tim no estúdio da EMI-Odeon (RJ), 1979

Show para 100 mil pessoas na Quinta da Boa Vista (RJ), em 1980

Fábio e Tim no programa Clube dos Artistas, com Airton Rodrigues

Foto de divulgação para a imprensa, no auge do sucesso de Fábio (autor: Milton Montenegro)

UMA DE MINHAS MUITAS NAMORADAS, naqueles bons tempos em que não se usava camisinha e a gasolina era barata, resolveu oferecer um jantar para os meus amigos mais chegados. Nely Figueiredo era uma *socialite* rica, e, como diria Ibrahim Sued, muito "dondoca". Morava num belíssimo apartamento, na Avenida Atlântica, com a mãe, que aparentava ter problemas nervosos. Na noite do jantar, ela confinou a mãe num dos quartos do apartamento, de modo que nenhum convidado tivesse contato com ela. A mesa fora impecavelmente posta, forrada com uma toalha de linho; os talheres eram de prata, e as taças, de cristal, tudo o que havia de mais caro. Dois garçons se desdobravam para nos servir champanhe, uísque, vinho e licores finos. Somente Tim não parecia muito à vontade com todo aquele luxo; preferia estar em casa bebendo seu uísque a ver tanta gente metida a besta, que não estava nem aí para o que ele dizia. Após o jantar, à luz de velas, Nely me chamou a um canto, discretamente, e me perguntou se além dos digestivos os meus convidados gostariam de mais alguma coisa.

"Os meninos gostam de fumar...", eu lhe respondi, com naturalidade.

Ela sorriu e chamou um dos garçons para providenciar as iguarias especiais. Numa bandeja de prata, fez questão de nos servir, uma porção para cada um, a secular *Cannabis sativa*, menos para Jerry Adriani, que era muito careta, segundo nossa concepção momentânea. Ele não quis nem ficar perto de nós; sentou-se na varanda com o violão e começou a cantarolar algumas músicas do seu repertório. Mas eu, Júnior Mendes, Paulo Imperial, Gastão Lamounier, Renato Terra, Humberto Balbi e Tim Maia fumamos até as gargalhadas, o que irritou Jerry profundamente. Pouco depois ele resolveu se retirar, porque ali só havia malucos. A farra foi até de manhã.

Quando acordamos, eu e Nely percebemos que sua mãe não estava no quarto, o que a deixou muito preocupada. Não podíamos imaginar que a velha, no primeiro horário, fosse a uma delegacia da Polícia Federal, levando um cigarro de maconha que encontrara ainda fumegando no cinzeiro da sala, para mostrar ao delegado. Doutor Jerônimo a atendeu e fez as perguntas de praxe: quem estivera na festa, quem trouxera o produto, quem fizera uso dele etc. A mulher, muito nervosa e trêmula, entregou-lhe uma lista com o nome de cada um, inclusive da própria filha. O estrago estava feito. Ela chegou, horas depois, e nos encontrou almoçando. Entrou como se nada tivesse acontecido, disse-nos que estava passeando no calçadão e dirigiu-se ao seu quarto.

Dois dias depois, começamos a receber as intimações, um a um, para comparecer à sede da Polícia Federal, na Presidente Vargas. O pânico se instalou entre nós. Os primeiros a serem chamados fomos eu e o meu parceiro Paulo Imperial. Chegamos ao prédio, mais pálidos que um defunto. Entramos num velho elevador e subimos ao quarto andar. Demos logo de cara com o temido doutor Jerônimo, que nos aguardava pacientemente. Estávamos cabreiros, envergonhados, como meninos que acabavam de fazer xixi nas calças. Polidamente, doutor Jerônimo nos mostrou duas cadeiras à frente de sua mesa para que nos sentássemos e nos advertiu:

"Não olhem para trás. Um bando de fotógrafos já está à caça de vocês dois".

A primeira pergunta foi se o cigarro de maconha, que estava estrategicamente sobre a sua mesa, trazido por uma mãe zelosa e desesperada, nos pertencia. Eu me adiantei e disse que não, que nunca na vida tinha colocado na boca uma coisa daquelas. Paulo se animou com a minha negativa e também jurou de pés juntos que nunca vira aquele bagulho antes. O delegado nos olhou, olhou, fez um monte de indagações, tentou nos pegar em contradições, mas acabou nos liberando.

O pior de tudo ainda estava por vir. O bando de repórteres voou em cima de nós, como abelhas na colmeia, fazendo todas as perguntas ao mesmo tempo. Saímos em disparada por um corredor escuro e ganhamos a rua. O telefone não parava de tocar em minha casa, todos os amigos querendo saber o resultado do nosso depoimento. Chegou a vez de Júnior depor, depois Renato, Tim Maia, Nely e, por último, Jerry Adriani, acompanhado pela mãe, que chorava sem parar, dizendo ao delegado que seu filho querido não era disso, que nunca fumara nem um cigarro Continental, imagine aquele negócio fedorento.

Todos inocentes. O tal cigarro, afinal, não tinha dono. Nelson Motta, muito moleque, em seu programa *Papo Firme*, na TV Globo, noticiou que aquele grupo do jantar estaria lançando uma nova música, chamada *Doutor Jerônimo quer falar com a rapaziada*. Tempos depois, encontrei o mesmo doutor Jerônimo num posto de gasolina, abastecendo seu carro. Tremi na base. Ele me reconheceu, e foi logo perguntando:

"Fábio, cadê a minha música? Estou curioso para ouvi-la".

Fiquei sem entender nada.

Muito menos se podiam entender as festas que fazíamos. Numa madrugada, noite de sábado, depois de um programa na TV, morando na Gávea, em um pequeno quarto-e-sala, Tim resolveu dar uma festinha para comemorar a boa fase da carreira, ou talvez para espantar um pouco a solidão que o acompanhava de longa data. Pediu à secretária que providenciasse algumas coisas. Fez uma lista com tudo o que supunha precisar: bebidas, doces e salgados. Quando Vera chegou com os pacotes, ele já estava de banho tomado, barbeado, perfumado, em calças *jeans* e camisa azul brilhante; as convidadas profissionais já haviam sido contratadas. Dispensou a secretária.

Tudo arrumado. O som nas alturas. Acendeu um cigarro, igual àquele da festa de Nely, e afundou-se na poltrona da sala, esperando a mulherada. Depois, levantou-se para pegar um copo na cozinha e encher de gelo, sobre o qual derramou uma dose cavalar de Chivas Regal, seu uísque predileto; bebeu um gole e sentou-se à mesa, onde bateu duas grossas carreiras da tal "borboleta branca" e aspirou-as. Levantou-se e encaminhou-se à janela, depois ao sofá.

As horas foram se passando, meia-noite, duas horas da manhã, e nenhuma convidada chegou. Ele voltou à carga, impaciente, preparou mais um ritual de drinques, foi até a geladeira, olhou os salgados, as cervejas, os vinhos chilenos e as vodcas. Nada de as visitas chegarem. O telefone permanecia mudo, a campainha também. Ninguém. No prédio vizinho, no entanto, a festa parecia animada. Duas belas jovens, que chegaram à janela, o reconheceram. Acenaram insistentemente para que ele fosse ao apartamento delas; ele acenava para que elas viessem ao seu. Finalmente, elas se renderam e foram ao encontro dele. Tim abriu a porta para que as duas beldades entrassem, felizes e saltitantes.

"Olha, Tim, nós viemos convidá-lo para o meu aniversário", disse uma delas, a loira. "Vamos lá pra casa. Tem um monte de gente querendo conhecer você. Todos são seus admiradores. Por favor, venha conosco!"

Ele sorriu gostosamente, mas não aceitou o convite. Passou a chave na porta e disse a elas, imperativamente:

"Minhas filhas, a geladeira está cheia de bebidas, aqui tem tudo do bom e do melhor... Eu prefiro que vocês fiquem comigo; vai ser muito legal!".

A princípio, ficaram apreensivas e inseguras, mas acabaram por concordar com ele. A festa, a três, foi até de manhã.

CERTA VEZ, DEPOIS DE UM SHOW, na Baixada Fluminense, apareceu um rapazola à porta do camarim insistindo em vender a Tim um gavião. Tentei a todo custo demovê-lo da ideia; não havia possibilidade de alguém cuidar de uma ave de grande porte dentro de um apartamento, ele que procurasse outro comprador. O menino não se convenceu. Levei o caso à apreciação do próprio Tim, que não me levou a sério, achou que eu estava brincando. Olhou-me zombeteiro e mandou que eu deixasse o garoto entrar. Parecia que a ave era maior que ele; chegou ao camarim desconfiado, em meio ao pessoal da banda e alguns convidados. Para surpresa de todos, Tim encantou-se com o tal gavião e o levou para casa, instalando-o no quarto de empregada, amarrado numa pequena choça, qual um papagaio. De meia em meia hora, Tim mandava Camarão à churrascaria comprar maminhas malpassadas e vísceras de galinha, para dar de comer ao gavião. Não há como descrever o odor insuportável que emanava do quarto, de carne podre e excrementos.

Quando atingiu a maioridade, com seus olhos vermelhos e ameaçadores, começamos a temê-lo. Uma noite, Tim bebeu umas doses a mais, e, apenas de cueca, foi ao quarto visitá-lo. Ao abrir a porta, a ave o atacou furiosamente, arranhando seu rosto e as costas. Sem ter como se desvencilhar do animal, jogou-se ao chão, com seus 120 quilos, e ainda assim a ave não desistia de bicá-lo. Como última alternativa, Tim foi se arrastando até a janela para pedir socorro, mas, ao abri-la, o bicho se lançou à liberdade, deixando-o em paz.

"Fabiano, o gavião parecia o próprio demônio!", disse-me, no dia seguinte, ainda com a cara toda lapeada.

Ora, transformamos o episódio numa lenda, e não o podíamos ver que começávamos a rir. Virou conversa de botequim, de ponta de rua, de todos os gozadores conhecidos.

Mas Tim não parava de aprontar, parecia criança peralta, todo dia uma novidade. Glória Maria, repórter da Rede Globo, procurou-o para fazer uma entrevista, ao vivo, em sua casa, numa manhã bem cedo. Depois de muito relutar, ele topou. Deveria providenciar um café da manhã para o dia do evento. Assim fez. Ligou à padaria da esquina e pediu pão, mortadela, queijo, presunto, suco de laranja, frutas, leite e café. À noitinha, fui à casa dele ajudar nos preparativos e preveni-lo da necessidade de ser pontual, portanto, que fosse dormir cedo, nada de bebidas ou companhias suspeitas, para que pudesse acordar numa boa.

"Fabiano, vá tranquilo, tudo dará certo!"

Aparentemente, ele aceitara as minhas sugestões, e eu fui-me embora.

Para relaxar, Tim resolveu sorver uma dose de Dimple, depois, um copo de cerveja, um cigarro de maconha... Passou pela madrugada em claro, e cedinho a campainha tocou. Ele espiou pelo olho mágico e viu a Glória com a sua equipe para entrevistá-lo.

"Não vou abrir a porta de jeito nenhum!", gritou.

E, não havendo jeito de ela conseguir convencê-lo, voltou para a emissora, frustrada e chateada.

Do mesmo jeito aconteceria em um show na cidade de São Miguel Paulista, periferia de São Paulo. A saída do Rio, às dez da manhã de um sábado ensolarado, pela ponte aérea, já fora tumultuada. Não bastasse o medo de entrar no avião, Tim havia bebido uísque em jejum – aprendera com o amigo Antônio Marcos, que lhe dizia que a melhor dose era em jejum, às dez. Foram 50 minutos de terror dentro da aeronave. Não poupou nenhum passageiro.

"Não adianta ficar com essa cara de que está tudo bem, porque eu sei que tá todo mundo com o cu na mão!", disparava a um e a outro, que ria ou fechava a cara. "E você, Fabiano, aí na frente, não fique com essa cara de bom moço, porque todos já sabem que estamos juntos nessa viagem, seu paraguaio muambeiro, de Pedro Juan Caballero!", gritava lá de trás do avião.

Morrendo de vergonha, eu apenas fingia que não era comigo e me afundava na poltrona. Ao pousarmos no Aeroporto de Congonhas, não queríamos, os integrantes da Vitória Régia e eu, olhar para a cara dele, já completamente embriagado, e saímos apressados pelo setor de desembarque, entrando em táxis diferentes para o hotel.

Tim, com uma das vocalistas a tiracolo, em vez de se dirigir ao Hilton Hotel, foi direto para o local do show, sem nos avisar. Já desesperados, sem saber o paradeiro do nosso *crooner*, como gostávamos de falar para sacaneá-lo, começamos a telefonar para vários locais onde ele pudesse estar. Somente no final da tarde, os contratantes do show nos informaram que Tim estivera o dia inteiro no clube, bebendo, com uma enorme ferida nas costas e muito arranhado.

A vocalista nos contaria depois que, em determinado trecho da viagem, do aeroporto até o clube, Tim cismou de dirigir o táxi do nissei, que não permitiu de jeito algum, começando uma discussão violenta que terminou no meio da avenida. O homenzinho apanhou uma barra de ferro que estava sob o banco e desferiu-lhe um golpe nas costas, mas que tinha como objetivo atingir-lhe a cabeça. A vocalista que acompanhava o cantor nada pôde fazer senão horrorizar-se com a cena e chorar escandalosamente. Somente com a chegada da polícia foi que os ânimos serenaram, mas o estrago nas costas já estava feito. Ao reconhecer Tim Maia, os policiais ficaram espantados e quase não acreditaram que alguém tão famoso pudesse se meter numa briga no meio da rua.

Depois das explicações de ambos, os policiais conduziram Tim e a vocalista ao clube onde seria realizado o show, para que algum médico o atendesse. Mas quem disse que ele quis ser examinado? Sentou-se a uma mesa do bar e pediu um litro de uísque e dois seguranças para protegê-lo, mas, àquela altura, só se fosse para protegê-lo dele próprio.

Quando chegamos, quase às onze da noite, o ginásio já estava superlotado. Cerca de dez mil pessoas dentro e mais uma multidão do lado de fora querendo entrar. Encontramos Tim no camarim, chorando feito um bebê de colo e dizendo que não subiria no palco e que não iria cantar para filho da puta nenhum. A multidão começou a gritar seu nome com impaciência dentro do ginásio; a multidão do lado de fora ameaçava invadir o clube. Os diretores não sabiam o que fazer nem o que dizer ao público. Às duas da manhã nós resolvemos chamar o médico para lhe aplicar glicose na veia. Às quatro, com o dia pensando em clarear, Tim finalmente subiu ao palco, aos trancos e barrancos, com um camisolão dourado, cheio de lantejoulas, e bradou:

"Ataca aí, Vitória Régia!".

Vale tudo, só não vale dançar homem com homem, nem mulher com mulher... ecoou, para delírio da plateia, que não arredara pé.

Já em Campinas, noutra noite, nem parecia o mesmo Tim. Esperávamos 25 mil pessoas no ginásio de esportes do Guarani, mas chovera torrencialmente durante o dia, deixando a cidade toda alagada, e apenas mil pessoas compareceram ao show, o que implicaria a impossibilidade de o empresário contratante honrar o cachê combinado.

Para surpresa geral, Tim resolveu que iria cantar de qualquer jeito para aquelas pessoas que haviam enfrentado o dilúvio para vê-lo, e cantou maravilhosamente bem naquela noite, mesmo ainda sentindo dores nas costas, resultantes da briga. Parecia que ele estava iluminado; não reclamou de nada, não xingou os técnicos e voltou ao hotel, depois do show, com muito bom humor e alegria. Pagou do próprio bolso as despesas com os músicos e até convidou algumas meninas de programa que o esperavam no saguão do hotel para que subissem ao seu quarto e fizessem algumas estripulias para nós que o acompanhávamos. Fiquei admirado com tanta docilidade e gentileza.

Voltamos ao Rio, de ônibus, na manhã seguinte, sem nenhum incidente. Ah, se ele fosse sempre assim!, pensei com os meus botões. Talvez tenha sido uma das poucas vezes em que eu o vi tão descontraído e gentil, sem explosões; mas, talvez, também, aquele não fosse o verdadeiro Tim. Acho que ninguém se acostumaria com ele tão calmo.

O ÚNICO LUGAR A QUE Tim nunca deixou de ir, além de ser pontual, e onde mais gostava de cantar, era no Circo Voador, na Lapa, pois dizia que para lá só ia "doidão". Na verdade, era porque para lá iam também os moradores dos morros, que o adoravam, e não tinham outra chance de vê-lo que não fosse lá.

Na noite de 28 de setembro, com o Circo apinhado, gente bonita por todos os lados, todo mundo de cabeça feita, eis que aparece Jamelão, usando chapéu e vestindo uma camisa do Fluminense por baixo do paletó, para convidar Tim Maia a participar do seu novo disco. O mal-estar se instalou repentinamente, uma vez que sabíamos que Jamelão, além de ser um grande cantor, era delegado de polícia dos mais duros, e não suportava o uso de qualquer tipo de tóxico. Ao vê-lo, corri ao camarim para avisar Tim de sua presença. Ele estava tão animado comemorando seu aniversário que nem se lembrava de que o homem era "cana dura". Ficou apreensivo e me pediu que o segurasse até o final do show, porque naquele momento seria impossível falar com ele, em meio àquele fumacê todo. Mas, durante o show, Tim nos avistou no meio da turba e disparou:

"Fabiano, 'aplica' o Jamelão aí!".

Até hoje eu me pergunto se o delegado entendeu ou não o que ele quis dizer. É uma pena que a parceria nunca tenha se concretizado.

No dia seguinte, Tim deveria comparecer ao *Domingão do Faustão*, programa ao vivo. Havia muito que o compromisso fora agendado. Mas a festa da noite anterior irrompera o domingo, e até as quatro da tarde, ele ainda comemorava na Lagoa Rodrigo de Freitas, num parque de diversões, em meio a rodas-gigantes, carrosséis, como um menino qualquer, entre tantos outros meninos, mas envergonhado por causa do seu excesso de peso e do assédio do público. Na fila, para comprar refrigerantes, um cidadão exótico e cheio de gaiatice chegou a ele com intimidade, para vender-lhe balas e pipocas.

"Cadê o sucesso, Tim Maia?", foi logo perguntando, como se o conhecesse desde a infância. "Não tenho te visto na TV; não tenho ouvido suas músicas no rádio...; por que não procura o Silvio Santos?"

Tim olhou seriamente para o sujeitinho desdentado e disse, com toda a goela:

"E você, por que não vai procurar um dentista pra botar uma chapa, seu filho da puta?".

A fila inteira caiu na gargalhada. O ambulante saiu com uma quente e outra fervendo.

E mais uma vez quebraria um contrato, para desespero dos diretores da Globo e do próprio Faustão, que até o último minuto ainda o chamava. Em consequência disso, Tim Maia seria proibido de cantar na emissora por longos dez anos.

NO VERÃO DE 1985, chegava ao fim um relacionamento que eu mantinha havia muitos anos com a jovem Lena Maria, por quem muito me apaixonara, e me doeu demais o fim desse romance. A minha desolação e falta de rumo mergulharam-me num oceano destruidor de álcool e drogas.

Nas seguidas noites em que eu não dormia, meu coração parecia uma bomba-relógio pronta a explodir a qualquer momento. Preocupado com o meu estado, Tim me chamou e disse:

"Fabiano, sai dessa onda, senão você vai dançar. Agora estou bem e em ascensão, mas continuo precisando de um amigo em quem eu possa confiar. Gostaria que trabalhasse comigo".

Aceitei. Estava numa fase muito difícil, sem dinheiro, sem o mesmo sucesso de antes e emocionalmente arrebatado. Morava, então, na Glória, na casa de dona Célia, num quarto que pertencera a sua filha, ora morando nos Estados Unidos. Dona Célia era uma senhora muito simpática, que fazia as vezes de minha mãe, dando-me sábios conselhos e me ajudando a levantar a cabeça. Afinal, como ela bem dizia, eu era um homem tão bonito e bacana, não era justo morrer assim, aos poucos, por causa de uma fulana qualquer.

Tim estava muito bem financeiramente, tanto que acabara de comprar um belo apartamento, de frente para o mar, na Avenida Sernambetiba, Barra da Tijuca, do qual, inclusive, se autoelegera, simbolicamente, o "Síndico". Daí, Jorge Benjor mandou "chamar o Síndico" em uma de suas canções.

Agora eu era o seu "quebra-faca", pau para toda obra. Acompanhava-o a todos os cantos e shows, e, na medida do possível, tentava evitar que ele entrasse em confusões, o que, convenhamos, não era tarefa das mais fáceis. Sem contar que Tim era um homem muito teimoso e de temperamento instável. Vejam o que aconteceu quando ele resolveu ser empresário de si mesmo: como choviam convites para se apresentar em todos os cantos do país e em todos os programas, e como fizera, em São Paulo, shows para mais de vinte mil pessoas, no Ginásio do Palmeiras, numa festa denominada *Chic Show*, produzida pelo elegante e competente Tião, com as quais ganhara uma nota preta, Tim achou que poderia fazer o mesmo sem a participação dele. Alugou o Ginásio do Palmeiras para aquele que, segundo ele, seria um dos espetáculos mais rentáveis de sua carreira. Contratou o que havia de melhor para o evento, sem contar as passagens aéreas, mais de vinte, acomodações no melhor hotel, transporte e segurança. Não bastassem tantas despesas, ainda pediu-me que providenciasse um angu à baiana para mais de duas mil pessoas, que, naturalmente, não pagariam nada pela comida. Um baiano amigo meu, que morava em São Paulo, chamado Gil Veloso, prontificou-se, junto com toda a família, a preparar o tal cardápio. Evidentemente, seria muito bem remunerado. Os panelões chegaram fumegando pouco antes de o show começar. No camarim, em meio a grande expectativa, eu não me cansava de a todo instante dar uma espiadinha no ginásio para ver o contingente de público que ia chegando. Comecei a ficar preocupado; faltando pouco mais de meia hora para começar o show, menos de mil pessoas haviam pago ingresso para entrar.

"E aí, Fabiano, está lotado...?", ele me perguntava de minuto em minuto, já com o semblante modificado, sério, rugas de desespero lhe caindo pela testa.

"Vai sobrar angu, Tim", eu respondi, sem querer ser engraçado e já sendo.

Eu só errei na previsão em relação ao angu, de que não sobraria nem um prato. Até os guardas do lado de fora receberam a sua porção. O nosso amigo Jair Rodrigues e sua esposa Clodine repetiram o prato três vezes, e ainda tivemos de aturar as molecagens do Jair, que dizia que nunca mais iria perder um show do Tim Maia, principalmente quando não fosse quase ninguém, porque sobraria angu.

No dia seguinte, quando o prejuízo de 40 mil dólares foi contabilizado, apenas ouvi do Tim este muxoxo:

"Fabiano, a vida é um perde-ganha constante. Vamos logo voltar pro Rio; preciso de um banho de mar pra esquecer esse angu".

Mas o "Síndico" Tim Maia ainda acalentava um sonho: cantar no Canecão, da família Priolli, palco de grandes shows. O convite finalmente chegou, para ele cantar durante todo um final de semana na casa. Convite aceito, a mídia não se cansou de anunciá-lo. A estreia foi um grande sucesso; a casa superlotada, e a fina flor da sociedade carioca a aplaudi-lo. Todo mundo cantando e dançando.

Depois de cada apresentação, empapado de suor, com sua inseparável flauta transversal e sua túnica prateada, ele recebia a todos, no camarim, com um sorriso e um enorme cigarro de fumo proibido entre os dedos. Estiveram com ele Cazuza, Djavan, Sandra Sá, Erasmo Carlos e muitos outros artistas. Tim se alongava nas entrevistas, nas comemorações, e entrava pela manhã, até as onze, depois de os seguranças lhe pedirem "pelo amor de Deus" mais de dez vezes para fechar as portas.

No domingo, o último dia de show, não apareceu. Havia se chateado na noite anterior porque dois oficiais de justiça confiscaram todo o dinheiro da bilheteria para pagar uma pendência sua com a justiça. Os Priolli e todos os envolvidos com a produção ficaram apavorados. Cadeiras voaram dentro do Canecão de um lado para o outro; o público, inconsolável com a ausência do ídolo, chegou a ameaçar tocar fogo na casa. A única solução possível foi a devolução dos ingressos. No dia seguinte, os jornais estamparam a manchete:

"VOCÊ NÃO FOI AO SHOW DO TIM MAIA? ELE TAMBÉM NÃO".

Ele fora ao supermercado fazer compras comigo e com alguns integrantes da banda, como gostava de fazer sempre depois de cada show. Era um mão-aberta, tanto para com a família como para com os amigos, e, invariavelmente, não era de estranhar que alguns deles, às vezes, abusassem de sua generosidade. O Dedé, por exemplo, percussionista de Roberto Carlos, certa ocasião tomou-lhe emprestada uma boa quantia para dar de entrada na compra de um apartamento, dinheiro esse que Tim nunca mais veria. Sem contar os pequenos agrados com que presenteava os amigos que o acompanhavam ao supermercado.

Naquela madrugada de segunda-feira, parecíamos crianças indo ao parque de diversões com o titio endinheirado. Tim logo nos disse que poderíamos escolher, cada um, qualquer coisa de que precisássemos. Escolhi um barbeador elétrico; Paulinho escolheu um par de tênis de marca; mas, para a surpresa de Tim, Rubão, com os seus quase dois metros de altura e olhos esbugalhados, sentou-se numa Monareta, que acabara de ser lançada no Brasil, e disse que dali não sairia enquanto Tim não pagasse.

"Que é isso, negão?!", disse-lhe Tim, "quem tem filho barbado é gato. Você acha que eu vou lhe dar um presente desse preço, que nem pro meu filho eu daria?".

Rubão desmanchou-se em lágrimas, de dar pena, inconsolável, qual uma criança birrenta e mimada, para o delírio dos outros, que iriam tirar sarro de sua cara pelo resto da vida. Começou a juntar gente, que havia reconhecido Tim Maia em meio àquele chororô. Nem o gerente do estabelecimento conseguira demover o homem da ideia de levar a Monareta para casa. Tim se zangou e chamou o segurança para que o tirasse de cima da Monareta. Um gaiato já gritava em meio à multidão:

"Ô Tim, dá uma chupeta pro negão parar de chorar!".

Risos espocaram por toda parte, nem o Tim conseguiu se conter. "Agora também não vou pagar mais porra nenhuma pra ninguém!", bradou ele, e saiu.

E nós ficamos sem nada.

O telefone tocou em minha casa, sexta-feira, onze da manhã:

"Fabiano, quero falar com você com urgência. Pega um táxi e vem pra cá, eu pago".

Fui imediatamente.

"Vamos fazer um show em Fortaleza e um outro no Maranhão", ele me comunicou.

O voo já estava marcado para sair às 21 horas. Quando chegamos ao aeroporto, foi aquele alvoroço, muita gente pedindo autógrafos, dando-lhe tapinhas nas costas, dizendo que ele era o melhor cantor do Brasil, pena que não torcia para o Flamengo etc. Os integrantes da Vitória Régia já nos esperavam no saguão. Uma comissária nos conduziu ao portão de embarque. Entramos no avião ainda vazio. Escolhi duas poltronas lá no fundo e ficamos, eu e o Tim, aguardando a decolagem.

"Atenção, senhores passageiros, por favor, sigam à risca as nossas recomendações: apertem os cintos, não fumem, desliguem os aparelhos e, em qualquer emergência, a máscara de oxigênio cairá imediatamente...", disse a comissária de bordo pelo interfone.

Nem bem a moça acabara de falar, Tim levantou-se, já alterado, ofegante, impaciente, com um copo de uísque na mão, e, com seu vozeirão, gritou para o comandante decolar imediatamente. Depois de meia hora, ouviu-se a voz do comandante:

"Atenção, senhores passageiros, o motivo do atraso foi um problema com o trator que conduz o aparelho até a cabeceira da pista, mas já estamos resolvendo. Pedimos a compreensão de todos e as nossas sinceras desculpas".

Tim levantou-se novamente:

"Levante esta porra com trator e tudo, seu filho da puta!".

Apesar da cara feia de alguns, a maioria dos passageiros caiu na gargalhada, inclusive uma senhora muito idosa, que estava à nossa frente, em sua primeira viagem de avião – presente de aniversário de um dos seus catorze filhos. Ao ver-me conversando com ele, virou-se e me pediu muito polidamente que eu o apresentasse, para que pudesse pedir-lhe um autógrafo, pois Tim Maia era o seu grande ídolo. Não vi nenhum inconveniente em atender ao pedido daquela senhora que completava 92 anos. Jamais eu imaginaria que ele a iria receber com descortesia. Prontamente, levantei-me da poltrona, estendi-lhe a mão e a conduzi pelo braço à poltrona de Tim, que não parava de beber o Chivas.

"Tim, eis aqui uma bela fã que deseja conhecê-lo..." – antes que eu completasse a frase, ele fixou os olhos na mulher e disparou, com uma voz de megafone:

"Tarada sexual! Aposto que você já fez muita sacanagem na vida e agora vem com essa cara de freira no cio me pedir autógrafo!".

Pior do que a minha vergonha, com todos os passageiros olhando para trás assustados, foi a reação da velha, que caiu na gargalhada, achando o máximo o que ouvira, como se Tim lhe houvesse feito os melhores elogios do mundo. Mesmo assim, voltei ao meu assento e o deixei lá atrás, ao encantamento da senhora; nem quis mais saber sobre o que conversaram. Apenas ouvia, vez por outra, ele me chamando de paraguaio contrabandista, exilado político, imigrante filho da puta, que em vez de estar no Brasil vagabundeando, deveria voltar à sua terra natal:

"Lá é que é lugar de falsificadores, traficantes, maconheiros", e tudo o mais que ele conseguia despejar.

Não achei graça alguma naquele momento, pelo contrário; e, ainda que eu fosse realmente um estrangeiro, amava o Brasil incondicionalmente, que me adotara sem restrições, e, por isso mesmo, não gostava quando ele se referia a mim daquela maneira desrespeitosa. De nada adiantavam as queixas que eu lhe faria no dia seguinte, porque, ou ele não se lembrava de nada, ou simplesmente me pedia desculpas por coisas que nem sabia, culpa de sua amnésia alcoólica.

Hoje, tudo me parece muito engraçado, e até me fazem falta aqueles arroubos, as maluquices, as discussões, mesmo as situações constrangedoras que muitas vezes fui obrigado a enfrentar ao lado dele.

Antes de chegarmos ao Ceará, Tim se levantaria mais uma vez da poltrona, cambaleando até a cabine do comandante:

"Agora eu vou pilotar este avião!", ia repetindo pelo corredor, sob os olhares perplexos e esbugalhados das senhoras.

Parou ao lado de uma poltrona e resolveu implicar com dois homens carecas sentados, bem vestidos, de terno e gravata, parecendo executivos americanos, altos, fortes e muito brancos. Falou em inglês que os dois eram uns bananas e que só estavam no Brasil para nos roubar. Depois de ouvir um monte de bobagens, os homens se levantaram e o levaram pelo braço de volta à sua poltrona, que o receberia de braços abertos, para um sono profundo. A viagem voltou ao curso normal, até pousarmos no aeroporto internacional Pinto Martins, em Fortaleza.

Horas depois, no quarto do hotel, ele me perguntou, com a cara mais limpa, ou, por assim dizer, manchada pelo fumo, o que tinha acontecido. Eu lhe sorri indiferente.

Depois do show, mais confusão: os contratantes Bira e Raimundo simplesmente não apareceram para nos pagar, sumiram com a grana. Tim ficou furioso, passou a quebrar tudo o que encontrava pela frente dentro do quarto. Eu e Tinho Sax, maestro da banda, corremos à delegacia mais próxima para registrar queixa. Tarde demais. Nenhum tostão seria recuperado. Tim arcou com todo o prejuízo e, na hora da raiva, jurou nunca mais voltar a Fortaleza.

Às 18h10 do dia seguinte, chegamos a São Luís, contratados que fomos pelo irmão do presidente da República, Zequinha Sarney, para uma única apresentação num ginásio de esportes. Chegamos alquebrados, com os corpos moídos, e sonolentos. Fomos conduzidos imediatamente ao hotel Quatro Rodas, na Praia do Calhau, um lugar paradisíaco, em meio a uma enorme plantação de coco.

Nunca havíamos nos apresentado por aquelas bandas. A cidade vivia dias de grande expectativa, e o noticiário local não falava de outra coisa. Todas as manchetes dos jornais eram dedicadas a Tim Maia e ao seu convidado Fábio. Não imaginávamos que logo na chegada iríamos enfrentar o primeiro problema: o guitarrista da banda, Celso Guita, demitiu-se, alegando problemas existenciais. Não houve como demovê-lo da decisão – ele voltaria para o Rio de Janeiro na manhã seguinte, dia do show. Entramos em pânico. Como encontrar alguém capacitado para acompanhar Tim Maia, sempre tão perfeccionista e exigente, àquela altura dos acontecimentos? Tinho lembrou-se de Chaguinha, um músico potiguar, que morava em Natal. Telefonamos para ele, que nos atendeu imediatamente, e à tarde já se encontrava entre nós para o ensaio geral.

O show não satisfez as expectativas do público. Cantei uma única música – *Até parece que foi sonho* –, na verdade um pesadelo: Chaguinha não acertava uma nota, desconcentrando o restante da banda. Tim Maia estava impossível: xingou mais do que o normal, disse que Zequinha Sarney não estava com nada e que nada entendia de música. O público o ameaçou com algumas vaias. Pouco mais de uma hora de show, retirou-se do palco e deixou a banda tocando sozinha.

"Fabiano, vamos pro hotel que a barra está pesando".

Ao chegarmos ao Quatro Rodas, deparamos com um rapaz

magro, de olhos fundos e avermelhados, com um pacote embaixo do braço embrulhado em jornal, insistindo com o gerente para falar com Tim Maia. Eu me aproximei dele e perguntei o que queria falar com Tim.

"Tenho algo pra ele sair desse baixo-astral!", disse-me, resolutamente. Chamei-o a um canto reservado e lhe pedi que me mostrasse o conteúdo do tal pacote. Evidentemente, eu não era tão ingênuo para não desconfiar do que se tratava; mesmo assim, era preciso conferir. Ele olhou para os lados, olhou para mim com desconfiança, e foi abrindo o pacote devagar. Surgiu de dentro uma pedra amarelada do tamanho da metade de um tijolo, com cheiro forte de acetona. Depois que a vi, pedi ao rapaz que a embrulhasse novamente e perguntei-lhe o preço. Fui até o Tim e lhe disse que o cara tinha uma pedra da boa para vender...

Negociação fechada; fomos para o quarto. Tim correu para o banheiro, com a metade do "tijolo" em uma das mãos e um rolo de papel higiênico na outra. Depois ainda beberia uma garrafa de uísque. Ficou alucinado. Passou a acreditar que um gringo, que vira entrar no elevador e que era vizinho seu de apartamento, seria um agente do FBI disfarçado de turista para investigá-lo. Abriu a janela, ao amanhecer do dia, e quando viu os jardineiros vestindo o uniforme verde-oliva do hotel, cismou que era o exército cercando o lugar para prendê-lo, a mando de Zequinha Sarney. No ímpeto de salvar sua doce

Lizete, que o acompanhava na turnê, correu ao banheiro, jogou o restante da pedra de cocaína no vaso sanitário e puxou a descarga, balbuciando coisas incompreensíveis, ora andando de um lado para o outro do quarto, ora olhando pelo buraco da fechadura o "agente do FBI", ora olhando pela janela o seu exército imaginário que não vinha nunca buscá-lo.

Nesse instante, o telefone tocou. Lizete atendeu. Uma voz ameaçadora lhe avisava que a Polícia Federal estaria chegando ao hotel para vasculhar o quarto e prender Tim Maia e toda a banda. Ela correu ao meu quarto e bateu à porta. Relatou-me o ocorrido e chegamos à conclusão de que seria melhor irmos embora o mais depressa possível. Em menos de uma hora, estávamos em cinco táxis a caminho do aeroporto. Tim continuava muito excitado, olhando para trás o tempo inteiro, dizendo que uma patrulha do exército iria nos pegar se o taxista não andasse mais depressa. Quando chegamos ao aeroporto, pouco depois das dez, outro problema: voo para o Rio, só às 20 horas. Tim pirou de vez. Andou de um lado para o outro, procurando um esconderijo seguro, onde nem o agente do FBI nem o exército pudessem encontrá-lo. Um funcionário da companhia aérea sugeriu que passássemos o dia num motel que havia ao lado do aeroporto. Depois de um banho frio e de beber bastante água, Tim conseguiu se acalmar e dormir pelo resto da tarde.

Finalmente, embarcamos com destino ao Rio de Janeiro. "Os culpados de tudo isso são o Nonato Buzar [compositor maranhense muito amigo meu e do Tim, que nem sequer estivera conosco naquele dia] e o Fabiano, que não acertam as coisas direito!", repetia ele lá do fundo do avião.

O mesmo acontecera no Maksoud Plaza, em São Paulo, em que fizera uma temporada, quando também dissera que a culpa era minha, que não sabia escolher um hotel sem aquele diabo de "elevador panorâmico". Tim recusou-se terminantemente a entrar no elevador, não houve jeito. O ascensorista, muito simpático, nos indicou o elevador de serviço. Ele concordou, mas não deixou de resmungar, de xingar e de esculhambar o hotel. Uma vez acomodados nos nossos respectivos aposentos, sobriamente decorados, com flores tropicais por todo canto, vista panorâmica da cidade, no 20º andar, Tim implicou com um casal de pombos pousado na janela de sua suíte, que fizera cocô no vidro. Ligou à recepção reclamando veementemente do imundo casal. Em poucos minutos, um empregado já fazia a limpeza dos vidros, dependurado do lado de fora da janela, curioso para ver o cantor.

A certa altura do show, em meio às inúmeras reclamações do cantor, três distintas senhoras, muito elegantes, em seus casacos de pele, levantaram-se para ir embora. Tim percebeu e censurou-as ao microfone:

"Dona Maria, por que já vai? Não está gostando?... Ou esqueceu a panela no fogo?", sem saber que uma delas era proprietária de um dos maiores jornais de São Paulo, e a outra, esposa de um dos donos do hotel.

Nem preciso dizer que, no dia seguinte, as manchetes dos jornais eram todas desfavoráveis a ele, sem contar o carão que receberia do doutor Roberto Maksoud, ameaçando suspender a temporada de shows. Eu fui até ele e prometi que conversaria com o Tim e que nada daquilo voltaria a acontecer, e, de fato, as noites seguintes foram tranquilas.

Ao fim da temporada, Tim telefonou a Roberto Maksoud para agradecer a gentileza – doze garrafas de Chivas com as quais ele o havia presenteado –, ainda que devesse trocar o maldito elevador panorâmico.

Tempos depois, ele seria novamente contratado para uma outra temporada, mas, ao chegar ao *hall* do hotel, antes mesmo de subir aos seus aposentos, resolveu brincar com três sofisticadas senhoras que estavam na recepção.

"Contando a idade das três, são mais de trezentos anos", disse-lhes, debochado.

E uma delas era a esposa do general de Exército, ministro Pires Gonçalves. A temporada foi cancelada.

TIM COMPRARA UMA BELA CASA no Recreio dos Bandeirantes, região norte do Rio de Janeiro, em que depois construiria o seu tão sonhado estúdio. Numa bela tarde de janeiro, estávamos em frente à casa, quando ia passando um velho tangendo uma vaca e um bezerrinho, da raça Nelore. Reparem só! Tim encantou-se com os animais, pediu-me que os comprasse. Não foi difícil convencer o velho a vendê-los por uma quantia duas vezes maior que o valor de mercado. O velho saiu feliz da vida. Tim ficou feliz da vida.

"Acabo de virar fazendeiro", disse-me, sorrindo.

"Ótimo", eu lhe respondi, "mas onde você vai criar esses bichos?".

No terreno baldio, defronte à casa, amarramos mãe e filho, aos cuidados do caseiro Zé da Paraíba, que também cuidava dos seus muitos cachorros.

Faltava agora ele dar nomes aos bois. Em homenagem a uma novela da época, batizou-os de *Jocasta* e *Édipo*.

Nas imediações da residência, florescia uma imensa favela,

chamada de Terreirão, e todo mundo por lá andava de olho em Jocasta e Édipo. Numa noite de sexta-feira, em que o Zé da Paraíba tomara umas a mais e dormia no ponto, Jocasta foi atacada; virou churrasco no Terreirão. A festa varou a madruga, com muito samba, pagode, carne e cerveja. E a galera ainda cantava *Festa do Santo Reis*, do próprio Tim Maia.

No dia seguinte, ele recebeu a notícia da morte de Jocasta, e não poupou nomes feios ao caseiro. Gritou, praguejou, disse que iria esfolar todos os filhos da puta do Terreirão que haviam comido a sua Jocasta. Mas acabaria por se conformar. Desdobrou-se em cuidados pelo órfão Édipo, que a cada dia ficava mais bonito e gordo. Às vésperas do Natal, e por isso mesmo, depois de um outro cochilo do Zé da Paraíba, sequestraram Édipo. À ceia no Terreirão, não faltou carne, nem cerveja, nem música de boa qualidade como *Primavera*, *Vale tudo* e *Dia de domingo*.

"Fabiano", ele me disse, conformado, "tudo bem que comeram a Jocasta e o Édipo, mas, porra, ainda cantar as minhas músicas, é muita sacanagem!".

PASSAVA DAS DUAS DA MANHÃ quando o telefone tocou na 16ª DP da Barra da Tijuca. O assistente que atendeu ao telefone achou que era brincadeira, mas disse ao delegado de plantão:

"Tim Maia quer falar com o senhor com urgência".

O delegado reconheceu a voz dele e ficou muito surpreso com seu inesperado pedido:

"Doutor, quero que o senhor venha me prender...".

O delegado procurou saber o motivo:

"Por que eu faria isso?".

"Aqui eu tenho de tudo", disse-lhe Tim, "maconha, coca, haxixe, e mais alguma coisa que o senhor deseje...".

O delegado, então, enviou dois policiais até a residência do cantor, que estava deitado no chão, de barriga para cima, totalmente nu e embriagado:

"Me levem se puderem!", disse ele, debochado, aos policiais, que nada puderam fazer senão voltar à delegacia e relatar os fatos, já que não havia jeito de carregar aquele homem de 120 quilos nas costas até a viatura.

Logo no dia seguinte ele me contou o caso.

"Mas por que você fez isso, Tim?", perguntei, no que ele respondeu, entristecido:

"Fabiano, eu não tinha ninguém pra conversar...". Senti pena dele, pela primeira vez.

A solidão foi sempre uma constante na vida de Tim Maia. Muitas vezes, chegava a pagar cachê a garotas de programa somente para que conversassem com ele. Cantava para multidões, mas, na maioria das vezes, dormia só. E no outro dia tinha de cumprir os compromissos, o que nem sempre acontecia.

Estava certo de participar, na próxima semana, do programa de Chico e Caetano, direto do Teatro Fênix, no Jardim Botânico. O ensaio fora marcado para a tarde. Acompanhei-o até o teatro e, no caminho, dentro do táxi, ele estava alegre e brincando comigo, dizendo que tinha medo de que os apresentadores o quisessem beijar na boca, como haviam feito outras vezes entre si. E não adiantaram os exemplos citados por mim, dos russos, que se beijavam na boca por costume, portanto, seria apenas uma manifestação de carinho e amizade, nada de mais.

Lá chegando, no horário combinado, os músicos da banda já se encontravam no palco, todos ansiosos e a postos. Ao cumprimentar o produtor Márcio Antonucci, dos Vips, este lhe tascou um beijo na bochecha. Tim não gostou nem um pouco, mas não se queixou, poupando as reclamações para o ensaio: do retorno, do agudo, do grave, do eco, de tudo. O diretor Roberto Talma, lá da suíte, acompanhava tudo com a sua equipe, e, prevendo uma catástrofe, ordenou que gravassem o ensaio – o que não era de praxe. Ao término, conversou com Tim pacientemente sobre detalhes do programa e de como seria bom tê-lo cantando para milhões de telespectadores.

"E não se esqueça de vestir aquela sua túnica prateada", disse-lhe, brincando, ao sair.

Voltamos para as nossas casas. Antes, ao sairmos à rua para esperar o táxi, um misterioso admirador entregou a Tim um pequeno pacote com uma substância branca dentro, dizendo que era presente de um amigo lá do morro de Santa Marta. O rapaz não esperou pelos agradecimentos, sumiu entre os transeuntes. Tim deu uma rápida olhada no invólucro, guardou-o no bolso da calça, entrou no carro e partiu. Eu entrei noutro táxi e fui para a minha casa descansar um pouco até a noite, quando deveríamos nos encontrar novamente, no teatro.

Quando Tim chegou ao apartamento, foi primeiro tomar um banho, para depois examinar o pacote, que ele, obviamente, já sabia o que continha. Ora, pôs a "borboleta branca" para voar. Os compromissos ficariam para depois. Tudo perdido. Não compareceu ao programa de Chico e

Caetano. Vários telefonemas eu recebi perguntando por ele. Quando cheguei à sua casa, estava sentado no sofá, chorando a falta que Jocasta lhe fazia. Não houve jeito de reanimá-lo. O programa foi ao ar sem ele, mas o Talma, como previra, usou a gravação do ensaio em um determinado bloco, o que amenizou um pouco sua falta.

PRESSIONADO POR MUITAS QUESTÕES trabalhistas e por mais de setenta processos sobre as costas, até de músicos da banda que o haviam denunciado reclamando direitos, Tim conversou comigo para ver se eu tinha alguma solução. Qual solução eu poderia ter, senão indicar-lhe um bom advogado? Ele não suportava advogados. Diante disso, assim meio que pilheriando, sugeri que procurasse o ministro da Justiça, o jurista Oscar Dias Corrêa. Não concordou, disse que eu estava ficando maluco.

"Vê se um ministro vai falar comigo!".

Dias depois, eu mesmo consegui com um amigo de Brasília o telefone do gabinete do ministro. Na outra ponta da linha, uma simpática senhora me atendeu, dona Rosa, secretária particular do ministro. Disse-lhe que Tim Maia gostaria de falar com ela e passei o fone a ele. Por uma fantástica coincidência, uma canção sua ecoava baixinho lá no fundo do gabinete. Dona Rosa, muito surpresa e admirada, colocou-se à sua inteira disposição e disse que o ajudaria a resolver quantos problemas tivesse. O ministro, naquele momento, dissera ela, encontrava-se reunido com a sua equipe, mas, tão logo ele terminasse, retornaria a ligação. Tim agradeceu a atenção e desligou.

"Fabiano, sabe quando ele vai me ligar? Nunca."

Mesmo assim, ficamos aguardando um pronunciamento do ministro. Já no final da tarde, o telefone tocou. Tim atendeu, ansioso, trôpego em razão das doses de uísque que havia tomado. Uma voz grave e autoritária disse:

"Quero falar com Tim Maia".

"Quem gostaria?", ele perguntou, desdenhoso.

"O ministro da Justiça."

Pego de surpresa e alarmado, Tim gritou:

"Eu sou inocente, doutor!" – havia já se esquecido do compromisso.

O ministro achou que ele estivesse brincando e começou a rir. Depois de ouvir o relato de seus problemas, Oscar Dias Corrêa prometeu uma solução o quanto antes. Daí para a frente, as coisas começaram a aliviar para Sebastião Rodrigues Maia; os oficiais de justiça sumiram, como por encanto, e os processos seguiram seus trâmites normais.

Mas Tim não perderia a mania de achar que estava sempre sendo perseguido pela polícia, como bem me lembrou o meu querido amigo Júnior Prata. Em meio a outra crise de "grilo", com os homens fardados batendo à sua porta,

Tim correu ao banheiro e jogou no vaso sanitário 200 gramas de uma preciosa *Cannabis*, que vinha guardando como a um bichinho de estimação, para ser usada numa ocasião muito especial. Puxou a descarga com lágrimas nos olhos. Ao mesmo tempo, ouviu a campainha tocar. Foi até a porta, olhou pelo olho mágico, não havia ninguém, deviam ser os agentes da CIA em missão secreta.

Voltou ao banheiro. O vaso entupira, jorrava água por todo o chão. Interfonou ao porteiro para que providenciasse a porra de um encanador depressa. Meia hora depois, chegou o encanador, um homem negro, de meia-idade, vestindo um macacão verde-oliva. Tim cismou, achou que aquele homem fosse um soldado do Exército e que estava ali para prendê-lo, então, esticou os braços permitindo que ele o algemasse. O encanador apertou suas mãos prazerosamente e pensou que ele estivesse brincando. Disse-lhe que tinha pressa e queria logo ver o serviço. Colocou um par de luvas de borracha e enfiou a mão no vaso, arrancando lá de dentro um pacote escuro, inutilizado. Jogou-o na lixeira ao lado da pia, recebeu o dinheiro da visita e foi embora para contar aos filhos e vizinhos que estivera com Tim Maia, até apertara suas mãos.

Nesses momentos, Tim recorria aos amigos com os quais possuía maior intimidade, e telefonava-lhes a altas horas da noite: Chico Anysio, Chacrinha, Maria Gladys, Erasmo Carlos e a mãe de Gal Costa, que tinha muita paciência para ouvi-lo, durante longos minutos, e até horas, a contar suas histórias desconexas. Ainda que fosse um artista de muito sucesso, não sabia conviver com a solidão que o encontrava nas madrugadas de insônia. Eu também sofria com a solidão, já passara do deslumbramento da fama para uma necessidade angustiante de me encontrar dentro de mim, se é que isso é possível. Em determinada passagem da vida, o que importa é a segurança de um bom travesseiro com a certeza de que amanhã precisaremos acordar bem cedo para levar as crianças à escola. A seguir, dar continuidade ao trabalho de que se gosta, aos sonhos, a vida inteira pela frente, quando há realmente vida.

"Tim, estou preocupado comigo mesmo, às vezes me pego falando sozinho", eu lhe disse uma vez.

Ele me olhou desarrumado e surpreendido, e respondeu-me quase ao acaso, como se somente ele tivesse o direito de sofrer dos tais problemas existenciais:

"Fabiano, pior sou eu, que sempre falo e respondo a mim mesmo, sem chegar a canto nenhum".

Entendo que deva ser um preço a ser pago por todos nós ao atingirmos o tão sonhado estrelato; uma espécie de pedágio artístico, muitas vezes pago com a vida, como acontecera com tantos artistas, e outros tantos continuam ficando pelo meio do caminho, vergados pelo esquecimento.

NO FINAL DOS ANOS 80, o meu sucesso se esvaía, não era o mesmo, e eu, pessoalmente, não me sentia realizado, muito menos feliz. Levava uma vida de bar em bar, bebendo muito, sem cantar, sem viver, e vejam só quem me aconselhava a sair dessa: o Tim. Ele me dizia, preocupado:

"Fabiano, cuidado com o goró! Olha a 'cirroseana', que não gosta de ninguém!".

Eu sabia que ele estava coberto de razão, mas, para quem já tinha tido tanto sucesso, dinheiro, mulheres, só era possível suportar o ostracismo em meio às garrafas e todas as drogas, que os pseudo-amigos me ofereciam sem cobrar nada. As portas se fecharam por completo; muitos dos amigos de outrora, do auge da minha fama, me evitavam, os diretores das gravadoras estavam sempre ocupados demais para me receber.

"Não se preocupe, Fabiano, fome você não vai passar. Aqui em casa haverá sempre um lugar pra você...", dizia-me o Tim. E a cada vez que se despedia de mim, me dava uma boa quantia para que eu fosse vivendo, e brincava: "Esse é o do táxi!...".

Ao chegar em casa, numa madrugada, com a cabeça cheia, encontrei um recado sobre minha cama, escrito em papel de embrulho, por dona Célia Domingues, para que eu telefonasse a Popó Muniz, uma antiga namorada. Fazia dezoito anos que eu não a via. Dormi sem me dar conta da importância daquele recado. Na manhã seguinte, quando o reli, meu coração parecia que pulava de dentro do peito, nem sei exatamente o porquê, mas corri ao telefone. Conversamos muito, parecia que nunca havíamos nos separado; tanta novidade, tanta coisa em comum.

"Será que você ainda guarda aquela bonequinha de pano que eu lhe dei no seu aniversário?", ela me perguntou.

Claro que eu ainda a guardava, mas também nem sei por quê. Era uma boneca de duas caras: uma que sorria e outra que chorava, e que se chama Janis. Marcamos para almoçar juntos naquele mesmo dia. Evidentemente, tínhamos mudado muito.

"O que fizeram com você, meu Fábio?", foi a primeira pergunta que ela me fez.

O tempo nos havia deixado marcas profundas no rosto.

"Eu vou embora para Salvador nos próximos dias ou meses. Por que você não vai comigo? Lá você vai se curar de todos os males que o afligem. Chega dessa vida boba!", disse-me, depois de muito conversarmos sobre tudo.

A princípio achei a ideia engraçada e absurda. Porém, depois de alguns dias juntos no Rio, decidi viajar com ela. Não tinha mesmo nada mais a perder. Fui morar na Pedra do Sal, em Itapuã, de frente para o mar, o mesmo mar de Vinicius de Moraes, agora menos poético e envelhecido como eu.

Agora eu me sentia tranquilo, alegre, em paz, vivendo um amor possível, sem pressa, sem dor. A Bahia realmente me fizera muito bem. Eu era um outro homem, mesmo distante dos holofotes. Mas nunca perdi o contato com o meu amigo Tim. Ele sempre me telefonava para saber como eu estava me virando como baiano...

"Como é a sua vida aí, Fabiano, deitado numa rede defronte ao mar, bebendo água de coco?"

Num desses telefonemas, Adriana, sua mulher e secretária, comunicou-me que se encontrava no balcão da Varig, no aeroporto Dois de Julho, uma passagem aérea à minha disposição para que eu fosse depressa ao Rio de Janeiro encontrá-lo. Tinha algo muito importante e urgente para fazermos juntos. No final da tarde do mesmo dia, embarquei para o Rio. Ao chegar à sua casa, na Barra da Tijuca, encontrei-o com um sorriso aberto, com muito boa aparência, parecendo bem-disposto.

"Fabiano, a Bahia lhe fez bem!", disse-me. "Você está curado? Qual o remédio? E não me diga que foi apenas a água de coco ou as belas mulheres!"

"Que nada, Tim, saiba que fui às 365 igrejas de Salvador pedir paz e sossego. Acho que finalmente consegui."

Ele ficou calado por um breve instante e depois me encarou com uma expressão de deboche, dizendo:

"Será que os santos da Bahia teriam força também pra me ajudar...?".

Eu sorri de sua maneira espirituosa e respondi que, certamente, nem os santos nem os orixás da Bahia faziam distinção por quem quer que fosse.

O motivo pelo qual ele me havia chamado era para que eu fizesse parte de um projeto do sociólogo Betinho, em conjunto com outros artistas, contra a fome. Gravaríamos um CD com todos os hinos dos grandes times brasileiros e a vendagem seria revertida ao projeto. Evidentemente, concordei. Tim gravou o hino do América, seu time de coração, enquanto eu participei dos *jingles*. Foi um sucesso. Ganhamos até um disco de platina, que foi entregue numa noite de gala, na Boate Ritmo, em São Conrado. Para não fugir à regra, Tim Maia não apareceu, ficando eu encarregado de representá-lo e receber o disco.

Surpreenderam-me – e viriam a se tornar uma lembrança inesquecível – aquelas horas que passei ao lado de Betinho. Impressionaram-me a sua disposição e simpatia, os seus olhos verdes de uma profundidade do mar, incansáveis e alegres, apesar de suas lutas constantes.

Aproveitei a oportunidade de estar no Rio para participar de outro show, em Niterói, com o Tim. Depois de minha breve apresentação, ele subiu ao palco, e logo percebemos que não estava bem – movimentava-se com certa dificuldade, mancando, não conseguia dançar com a mesma desenvoltura. A rapaziada da banda também estranhou aquela situação fora do comum, entreolhavam-se preocupados, mas sem coragem de interpelá-lo. Tinha o semblante cansado, agoniado, suando em abundância, além do normal. Chegamos a crer que havia algum problema com as suas pernas. Talvez tivesse comido além da conta. Adriana também demonstrava grande aflição, e já não sabia o que pensar ou como proceder. O público não se manifestou, não havia percebido qualquer mudança, dançava indiferente a um possível mal-estar do cantor. Antes da última música prevista, Tim deixou o palco claudicante e se dirigiu imediatamente ao camarim, sem se importar com os gritos do público lhe pedindo bis.

Descobriríamos, entre risos, pouco depois, o motivo de tamanho desconforto: na pressa de subir ao palco, Tim acreditara, erroneamente, que duas bolas de meia, esquecidas dentro das botas por Adriana, não o incomodariam. Depois de dirigir a ela muitas agressões verbais, de um esporro inenarrável, de chamá-la de incompetente, despediu-a pela enésima vez, sob uma saraivada de risos de todos nós, inclusive dela, que àquela altura dos acontecimentos e da troça, não o levara muito a sério.

O certo é que, daquele dia em diante, Tim Maia nunca mais usaria botas nem sapatos, adotaria tênis para qualquer ocasião, mesmo a contragosto de Adriana. Sempre muito simpática e paciente, de sorriso fácil e cativante, ela demonstrava imenso carinho e dedicação por ele, e isso eu presenciei muitas vezes. Numa delas, por exemplo, eu a vi ajoelhada aos seus pés, qual uma serviçal, ajudando-o, cuidadosamente, a calçar os seus tênis e amarrar os cadarços, enquanto ele suava e resmungava da lerdeza da companheira, que sorria divertida.

Não bastassem esses mimos pessoais, Adriana tomava conta de todos os seus negócios, referentes à casa, à gravadora, à editora, a tudo o que dissesse respeito ao Tim. E quando ele adoeceu com gravidade, uma vez, ela o socorreu, em meio a um temporal que inundara o Rio de Janeiro, mesmo estando separados, havia alguns dias, depois de uma briga por ciúme, da parte dele. Esvaindo-se em sangue e pus, ele não viu alternativa senão telefonar à mulher que o amava. Internado às pressas na Clínica São Vicente, os médicos diagnosticaram uma doença chamada de *Síndrome de Fournier*, um processo inflamatório da região escrotal que o fez ficar com os testículos maiores que os de um boi. Foi operado, e, apesar de ser um paciente muito teimoso e rebelde e de ter convencido os médicos a deixarem-no fumar um cigarrinho ou outro, depois de um mês de tratamento, voltou para casa. Aconselhado a voltar à clínica para mais algumas revisões, jamais voltaria, porque sentira muito ciúme de Adriana com o jovem médico que o havia operado. Adriana manteve-se fiel e ao lado de Tim durante o longo mês de sua internação.

Depois dessa fase difícil, Tim voltaria ao trabalho e aos shows. Outra vez fui convidado a comparecer à sua casa, no Rio, para participar do programa *Jô Soares onze e meia*, no SBT. Entre muitos risos, Tim contou que agora estava "sem saco" por causa da cirurgia a que havia sido submetido, e falou, muito seriamente, em resposta a uma pergunta do outro gordo sobre drogas:

"Não fumo, não bebo e não cheiro. Só que gosto de mentir um pouquinho".

Risos espocaram por toda parte, entre os músicos e na plateia.

Jô volveu-se para a plateia e perguntou a Tim:

"Tem um grande amigo seu sentado ali, não tem?".

"É verdade! Meu bom amigo, Fábio, que é, agora, também meu contratado".

A câmera virou-se para mim, em close, e Jô emendou:

"Fábio é um cantor muito afinado".

Fiquei bobo de orgulho com os aplausos.

Ele concluiu:

"E Tim Maia é o maior cantor do mundo".

Mais aplausos da plateia e uns gritinhos ensaiados.

SEMPRE QUE PRECISAVA de alguma coisa, ele me ligava. Uma vez fui surpreendido por um vizinho, que bateu à minha porta para me avisar da chegada, por engano, de uma carga muito estranha em sua casa: 800 CDs mandados por Tim Maia para que eu os vendesse pela cidade, não importava como. Assim eu fiz, vendi-os à Eletro Lazer, uma lojinha de discos situada no Pelourinho. Saí de lá muito contente, para dar a notícia ao amigo, no Rio de Janeiro, sem imaginar que recebera um cheque roubado, para desespero e indignação de Tim, que esbravejou por um dia inteiro, chegando a insinuar que eu estivesse de conluio com o dono da Eletro Lazer, o que fez com que nossa amizade sofresse um segundo pequeno abalo em trinta anos, restabelecida, meses depois, quando consegui recuperar 400 CDs e os devolvi.

Logo em seguida, ele me incumbiria de outra missão muito especial: na madrugada do dia 2 de fevereiro, dia de Iemanjá, ele me telefonou. Senti que sua voz estava embargada, mais grave do que o normal.

"Tudo bem, meu velho camarada?", perguntei-lhe, já ciente do seu estado de espírito.

"Fabiano, por aqui tá russo! Ando muito nervoso, a ponto de ter um colapso. Acho que só você pode me dar uma luz. Aqui no Rio, como bem deve saber, está a maior seca. A 'erva' não se encontra em lugar nenhum. Já mandei procurar em todos os morros e nada. Mas me disseram que na Bahia se pode encontrar um... do bom. Dê um jeito de encontrar o meu calmante natural, não posso ficar sem ele."

Saímos eu e Popó para agilizar a parada. Não demorou a aparecer um cidadão com o produto, que me afiançava ser da melhor qualidade. Por telefone, acertamos o negócio. No dia seguinte, fui até a periferia buscar o bagulho. Mas como enviá-lo para o Rio de Janeiro? Dentre muitas sugestões, a mais viável, embora de alto risco, foi mandá-lo pelo correio, via Sedex. Acomodei o pacote com a erva numa caixa de sapatos, embrulhado em papel-alumínio e endereçado ao Barra Palace, apartamento 1.202, aos cuidados do Sr. Sebastião Rodrigues – porque certamente ninguém iria prestar atenção ao nome –, e fui até o correio, pálido de medo, despachar a "correspondência" em questão. Em seguida, liguei para ele no Rio, avisando-o de que o seu "remédio" estava a caminho.

"Só mesmo você, Fabiano, para entender os meus grilos. Obrigado!"

No dia seguinte, antes do meio-dia, o interfone do apartamento 1.202 tocou insistentemente. Era o recepcionista do apart-hotel comunicando a chegada de um pacote para o Sr. Sebastião Rodrigues. Sem querer levantar suspeitas, Tim pediu que ele o colocasse no elevador, que sua secretária o apanharia lá em cima. Ele, pessoalmente, ficou à porta do elevador esperando a luz vermelha indicar o 12º andar. Pareceu-lhe uma eternidade, até que, finalmente, o elevador estacionou no seu andar. Ele abriu a porta, esbaforido, e, para sua surpresa e calafrio, duas senhoras muito distintas, de aspecto aristocrático e católico, moradoras do andar superior – não as conhecia –, estavam com o pacote nas mãos para entregar a ele.

Na sua infinita imaginação, de quem muito dependia da erva, logo imaginou que aquelas duas senhoras fossem agentes federais disfarçadas e prontas para enquadrá-lo. Estremeceu. Porém, elas não fizeram nenhuma menção especial, apenas lhe entregaram o pacote, com um simpático sorriso de admiração e incredulidade por estarem diante de tão grande artista. Ele simplesmente pegou o pacote das mãos das senhoras, sorriu-lhes de volta, agradecendo-lhes com um menear de cabeça, colocou-o debaixo do braço, como se fosse um pacote de pão, e entrou apressado no seu quarto. Não perdeu a mania de, depois de bater a porta atrás de si, voltar para uma rápida olhada pelo olho mágico, como para certificar-se de que os seus próprios fantasmas não o estariam espionando.

Ofegante, jogou o pacote em cima da mesa e pediu a Adriana um copo d'água sem gelo. Depois de sorvê-lo de um único gole, sentou-se no sofá ao lado da mesa e pôs-se a abrir o famigerado pacote. Fez uso do conteúdo sem demora, voltando a sorrir livremente, como se tornasse a ganhar a gaita que dona Maria Imaculada, sua mãe, lhe dera na infância.

Dias depois, voltou a me ligar, mas desta vez para reclamar de tudo: que o tal "baiano" era falso, era palha, que eu devia ter vergonha na cara de lhe mandar uma mercadoria tão vagabunda como aquela:

"Só podia mesmo ser coisa de baiano preguiçoso!", disse-me. "Nem pra arranjar uma erva da boa você tem competência."

E mais: que eu devia me mudar de Itapuã e voltar para o Rio, ou correria o risco de ficar igual a Dorival Caymmi, com a cabeça toda branca, deitado numa rede, cantando para os coqueiros de Itapuã. Ora, o que eu poderia fazer, senão achar graça...?

Bateu o telefone na minha cara.

Em meados de junho de 1996, Tim me chamaria ao Rio de Janeiro pela última vez. Cheguei à sua casa por volta das seis da tarde de uma quinta-feira chuvosa. Ainda assim a cidade me pareceu a mais maravilhosa do mundo, embora escura e deserta, pela Linha Vermelha, por onde andei de táxi desde o aeroporto até o Recreio dos Bandeirantes.

Fiquei boquiaberto ao entrar na casa e vê-lo sentado, como um rei bonachão, cercado por Adriana, um técnico de som, o maestro Ringo, o caseiro Zé e seus três cachorros, Comanche, Brander e a cadela Paquita, em meio a uma parafernália de equipamentos para o estúdio que ele enfim montara. Seu grande sonho realizado. Tudo de primeira, o que havia de mais moderno. Somente um microfone, alemão, ele me confidenciou, custara 10 mil dólares. Fiquei realmente encantado e orgulhoso por vê-lo tão bem-disposto e realizado.

Perguntou-me se eu tinha alguma música nova. Imediatamente apanhei um violão que estava próximo e cantei uma canção chamada *Nossos corações*, que eu compusera na fazenda Capim, da minha mulher Popó Muniz, em Barra do Rocha, no sul da Bahia, a 370 quilômetros da capital. Ele ficou apaixonado pela canção, mas, acho eu, naquele dia ele ficaria apaixonado por qualquer música que ouvisse, dado o seu estado de graça e alegria. No dia seguinte, com o arranjo feito pelo maestro Gringo, gravamos a base e em seguida coloquei a voz, sob o olhar atento e severo de Tim Maia. Essa canção até hoje não foi mostrada ao grande público.

Fiquei por lá durante uma semana. Conversamos muito, sobre assuntos variados. Tim estava sem beber havia alguns meses, mas não reclamava, apenas fumava um cigarro ou outro de vez em quando, e, para a minha surpresa, falava em Deus constantemente. No dia em que eu viajei de volta a Salvador, seu olhar me pareceu profundo, enigmático, posso até dizer que estava triste e sentido com a minha partida.

"Vai, Fabiano, o nosso tempo tá curto e sua vida está lá... Até qualquer dia!", disse-me, com uma voz miúda.

Desejou-me boa sorte e uma boa viagem, da poltrona de couro preto em que estava sentado, em calças *jeans* e blusão preto. Não se deu ao trabalho de se levantar para me dar um abraço, acenou-me com a mão. Eu saí com o coração apertado. Seria a última vez que o veria.

NO FINAL DA TARDE de uma segunda-feira de sol, na fazenda Capim, eu estava sentado na varanda da casa, conformando-me com o meu ostracismo, olhando para canto nenhum. Talvez pensasse na letra de uma nova canção para levar ao meu amigo na próxima vez em que o encontrasse, quando o vaqueiro, chamado estranhamente de Vida, chegou trazendo a notícia que ouvira no rádio "indagorinha": o cantor Tim Maia fora hospitalizado.

Como nas outras vezes, pensei que não seria nada de mais e que nada aconteceria a alguém como Tim Maia, devia ser outra crise. Assisti pela TV que ele havia passado mal no palco, num show no Teatro Municipal de Niterói, quando cantava *"Não quero dinheiro, só quero amar..."*. Negou-se a ser socorrido numa ambulância.

Foi conduzido até o hospital Antônio Pedro num carro do Corpo de Bombeiros, sentindo fortes dores no peito.

Mesmo assim, também recusou-se a se deitar numa maca, entrou no hospital andando. Desabou, à porta da UTI.

Morreu uma semana depois, num dia de domingo, 15 de março de 1998, aos 55 anos.

DE TUDO, EU COMECEI A ME PERGUNTAR o que realmente valera a pena, além da amizade que eu nutria por Tim e ele por mim, em igualdade de condição. E não tínhamos consciência da importância dessa amizade, apesar de nos ter feito muito bem e de nos ter ajudado tanto a impulsionar nossas carreiras. De tudo, resta a saudade, as lembranças boas e divertidas. Mas ainda restam as drogas, que não servem para nada, a não ser para esburacar os caminhos, atalhar a vida e encurtar o futuro.

Que droga fizemos com a gente? Por que tanta loucura e porra-louquice, se tínhamos a vida inteira a nos sorrir e a nos chamar a cantar? Se era o que mais gostávamos de fazer: cantar e cantar e cantar...? O sucesso, às vezes, passa tão depressa que nem se percebe a grandeza de ser um ídolo, e de formar opiniões, e de influenciar tantas pessoas; passa tão depressa, que parece que foi ontem que estávamos, eu e o Tim, em cima de um palco "brincando de ser artistas".

Quando o inverno chegar, eu quero estar junto a ti!..., meu amigo.

O poeta e escritor ACHEL TINOCO (www.achel.zip.net) é paraense de São Domingos do Capim, mas mudou-se para a fazenda Vila Ferreira, em Ibirataia, no sul da Bahia, quando infância. Hoje mora em Salvador, onde fez os cursos de Letras e Administração de Empresas. Começou a se destacar na escrita ainda no colégio, aos 16 anos, e é autor de *Outra parte de mim* e *Okavango* (poesias); *Retrato sobre tela* e *Vilarejo dos anjos* (romances).

Visite nosso site e conheça estes e outros lançamentos

www.matrixeditora.com.br

Chaves e Chapolin – Sigam-me os Bons
de Luís Joly e Fernando Thuler
Para quem é fã e para quem quer conhecer um pouco mais desse divertido mundo de Chaves e Chapolin. Mais curiosidades, mais informações, um guia dos mais importantes e famosos episódios, um quiz com quase 600 perguntas. E ainda cifras de algumas das canções que são sucesso no programa, para tocar e cantar.

A Vida Portuguesa Como Ela É
de Pedro Silva
Vindo diretamente da "terrinha", mostra o lado inusitado e engraçado de alguns costumes portugueses que você não conhecia. Saiba por que os portugueses costumam andar com um garrafão de cinco litros de vinho para tudo quanto é canto; conheça o estranho hábito de cutucar o... ahn... quer dizer... o..., enfim, cutucar e depois cheirar, você deve ter entendido; entenda por que eles se divertem tanto com a flatulência.

Aperte o Cinto Seu Marido Sumiu
de Carla Spach
O casamento acabou? Deixe de preocupações. Saiba como dividir os amigos do casal, como se virar sozinha na hora em que sua descarga dá defeito, como lidar com sua raiva do ex, aprenda a lidar com as pessoas que veem você como uma encalhada. Um livro muito melhor do que se entupir de chocolate e gastar dinheiro com lenço de papel.

Eu Sento, Rebolo e Ainda Bato Um Bolo
de Andréa Cals e Marcela Catunda
Aqui você vai ver os assuntos que as mulheres adoram discutir: sexo, virgindade, tamanho do pênis, peito, bunda, maternidade, intestino preso, relacionamentos. Ah, e homens, claro. Das criadoras do site Banheiro Feminino.

MATRIX